Job, Proverbios, Eclesiastés y Cantar de los Cantares

Serie «Conozca su Biblia»

Job, Proverbios, Eclesiastés y Cantar de los Cantares

por Francisco García-Treto

Augsburg Fortress

MINNEAPOLIS

SERIE CONOZCA SU BIBLIA: JOB, PROVERBIOS, ECLESIASTÉS Y CANTAR DE LOS CANTARES

Todos los derechos reservados © 2010 Augsburg Fortress. Con excepción de una breve cita en artículos o análisis críticos, ninguna parte de este libro puede ser reproducida en ninguna manera sin antes obtener permiso por escrito del publicador o de quienes son dueños de los derechos de reproducción.
Este volumen es parte de un proyecto conjunto entre la casa editora, la División de Ministerios Congregacionales de la Iglesia Evangélica Luterana (ELCA) y la Asociación para la Educación Teológica Hispana (AETH), Justo L. González, Editor General.
Excepto cuando se indica lo contrario, el texto bíblico ha sido tomado de la versión Reina-Valera 1995. Copyright © Sociedades Bíblicas Unidas, 1995. Usado con permiso.

Diseño de la cubierta: Diana Running; Diseño de libro y portada: Element, llc

ISBN 978-0-8066-9687-4

El papel usado en esta publicación satisface los requisitos mínimos de la organización American National Standard for Information Sciences—Permanencia del Papel para Materiales Impresos, ANSI Z329.48-1984.

Producido en Estados Unidos de América.

SERIE CONOZCA SU BIBLIA: JOB, PROVERBIOS, ECLESIASTÉS Y CANTAR DE LOS CANTARES

Copyright © 2010 Augsburg Fortress. All rights reserved. Except for brief quotations in critical articles or reviews, no part of this book may be reproduced in any manner without prior written permission from the publisher. Visit http://www.augsburgfortress.org/copyrights/contact.asp or write to Permissions, Augsburg Fortress, Box 1209, Minneapolis, MN 55440.
This volume developed in cooperation with the Division for Congregational Ministries of the Evangelical Lutheran Church in America, which provided a financial grant, and the Asociación para la Educación Teológica Hispana, Series Editor Justo L. González.
Except when otherwise indicated, scripture quotations are taken from the Reina-Valera 1995 version. Copyright © Sociedades Bíblicas Unidas, 1995. Used by permission.

Cover design: Diana Running; Book design: Element, llc

The paper used in this publication meets the minimum requirements of American National Standard for Information Sciences—Permanence of Paper for Printed Library Materials, ANSI Z329.48-1984.

Manufactured in the U.S.A.

Esta serie

«¿Cómo podré entender, si alguien no me enseña?» (Hechos 8.31). Con estas palabras el etíope le expresa a Felipe una dificultad muy común entre los creyentes. Se nos dice que leamos la Biblia, que la estudiemos, que hagamos de su lectura un hábito diario. Pero se nos dice poco que pueda ayudarnos a leerla, a amarla, a comprenderla. El propósito de esta serie es responder a esa necesidad. No pretendemos decirles a nuestros lectores «lo que la Biblia dice», como si ya entonces no fuese necesario leer la Biblia misma para recibir su mensaje. Al contrario, lo que esperamos lograr es que la Biblia sea más leíble, más inteligible para el creyente típico, de modo que pueda leerla con mayor gusto, comprensión y fidelidad a su mensaje. Como el etíope, nuestro pueblo de habla hispana pide que se le enseñe, que se le explique, que se le invite a pensar y a creer. Y eso es precisamente lo que esta serie busca.

Por ello, nuestra primera advertencia, estimado lector o lectora, es que al leer esta serie tenga usted su Biblia a la mano, que la lea a la par de leer estos libros, para que su mensaje y su poder se le hagan manifiestos. No piense en modo alguno que estos libros substituyen o pretenden substituir al texto sagrado mismo. La meta no es que usted lea estos libros, sino que lea la Biblia con nueva y más profunda comprensión.

Por otra parte, la Biblia —como cualquier texto, situación o acontecimiento— se interpreta siempre dentro de un contexto. La Biblia responde a las preguntas que le hacemos, y esas preguntas dependen en buena medida de quiénes somos, cuáles son nuestras inquietudes, nuestras dificultades, nuestros sueños. Por ello, estos libros escritos en nuestra lengua, por personas que se han formado en nuestra cultura y la conocen. Gracias a Dios, durante los últimos veinte años ha surgido dentro de nuestra comunidad latina todo un cuerpo de eruditos, estudiosos de la Biblia, que no tiene nada que envidiarle a ninguna otra cultura o tradición. Tales son las personas a quienes hemos invitado a escribir para esta serie. Son personas con amplia experiencia pastoral y docente, que escriben para que se les entienda, y no para ofuscar. Son personas que a través de los años han ido descubriendo las dificultades en que algunos creyentes y estudiantes tropiezan al estudiar la Biblia —particularmente los creyentes y estudiantes latinos. Son personas que se han dedicado a buscar modos de superar esas dificultades y de facilitar el aprendizaje. Son personas que escriben, no para mostrar cuánto saben, sino para iluminar el texto sagrado y ayudarnos a todos a seguirlo.

Por tanto, este servidor, así como todos los colegas que colaboran en esta serie, le invitamos a que, junto a nosotros y desde la perspectiva latina que tenemos en común, se acerque usted a estos libros en oración, sabiendo que la oración de fe siempre recibirá respuesta.

Justo L. González
Editor General
Julio de 2005

Contenido

Esta serie v

Introducción 1

1. Job 7

2. Proverbios 49

3. Eclesiastés 89

4. Cantar de los Cantares 121

Bibliografía selecta 147

Introducción

Los libros sapienciales

Es tradición —aunque posterior a la identificación de estos libros como parte del canon de la Biblia Hebrea— calificar de «libros sapienciales» a Proverbios, Job y Eclesiastés (*Qohelet*), que figuran en la tercera parte (los «escritos» o *ketuvim*) del canon judío. En las biblias cristianas hay otros (Eclesiástico o Ben Sirá, y Sabiduría de Salomón) que aparecen entre los libros llamados apócrifos, que merecen también ser clasificados como sapienciales. Algunos de los salmos también se deben reconocer como sapienciales, ya sea por su forma, como por ejemplo los salmos acrósticos (9-10, 25, 34, 37, 111-112, 119 y 145), o por su temática, como los que identifican el estudio de la Torá como el proceso de obtener la sabiduría suprema (1, 19, 119). Otros libros del canon bíblico hebreo incorporan elementos característicos de la literatura sapiencial, como por ejemplo la estructura acróstica de Lamentaciones 1-4, o los numerosos paralelos, tanto formales como de contenido, que existen entre los preceptos de Deuteronomio y los de Proverbios y Eclesiastés (por ejemplo, compárese Dt 23.15 y Pr 30.10; Dt 25.13-16 y Pr 20.10; Dt 23.21-23 y Ec 5.1-5). Este tomo se limitará a Proverbios, Job y Eclesiastés, con la adición del Cantar de los Cantares, obra poética que más bien por costumbre que por sus características se incluye con ellos. Me ha parecido mejor, desde el punto de vista didáctico, cambiar un poco el orden en el que aparecen estos libros en las versiones protestantes de la Biblia, y empezar con Proverbios, que representa el pensar de las escuelas sapienciales más o menos llanamente, para seguirlo con Job y Eclesiastés, que problematizan algunas de las ideas básicas de la Sabiduría.

Ya veremos en los comentarios sobre cada uno de estos libros —aunque es algo que se le hace evidente hasta a un lector fortuito— que hay entre ellos grandes diferencias tanto en la forma del libro como en la de sus partes constituyentes. Siendo este el caso, cabe preguntar cuáles son los rasgos similares que nos permiten clasificar esta literatura diversa como «libros sapienciales». En breve, se pueden esbozar cuatro: el asunto o tema principal, los locales o escenarios donde se radica, el carácter internacional de esta literatura y ciertos elementos de su forma literaria.

Asunto o tema

Es de suma importancia, para interpretar los libros sapienciales, reconocer que todos se dirigen al gran tema de la conducta humana en este mundo, especialmente en lo que a la vida en la sociedad se refiere. El enfoque es pragmático —consejos prácticos para tener éxito en la vida— sobre todo en la mayor parte de los Proverbios y en cierto sentido en Eclesiastés, aunque en Job y en las otras dos obras se trata también de cuestiones más abstractas, como veremos. La sabiduría de la que hablan estos libros no es algo innato, no se trata por ejemplo del cociente intelectual con el que nace una persona, sino que es una cualidad que se adquiere por la enseñanza. Si bien los Proverbios clasifican a los seres humanos como sabios o necios, ya el prólogo del libro declara que su propósito es «dar sagacidad a los ingenuos, y a los jóvenes inteligencia y cordura» (1.4), mientras que «los insensatos desprecian la sabiduría y la enseñanza» (1.7). Es decir, que la sabiduría se aprende y la insensatez es el resultado de rechazar (o de no recibir) la educación.

Locales o escenarios

Si de enseñanza se trata, lo primero que debemos preguntar es dónde y a manos de quién se llevaba a cabo. La respuesta es plural,

Introducción

es decir, que en el antiguo Israel, como en sus naciones vecinas, la educación de los jóvenes se desarrollaba en varios locales, y a manos de diversos maestros. El libro de Proverbios mismo refleja el local primario y los maestros primeros, cuando por ejemplo en el 1.8 dice: «escucha, hijo mío, la instrucción de tu padre y no abandones la enseñanza de tu madre» (véanse también versículos como el 10.1, 13.1 y otros). Es decir, mucho del contenido de Proverbios —aunque llega a nuestras manos en forma de colecciones escritas y elaboradas por escribas posteriores— todavía refleja la enseñanza oral de preceptos y consejos que se transmitían por tradición y costumbre en el seno de la familia: los padres eran los maestros y los hijos los discípulos, en ese caso. Muchas otras culturas, entre las cuales se destaca la hispánica, han preservado caudales de sabiduría tradicional en forma de dichos, refranes o proverbios, tan enraizados en el habla del pueblo que autores tales como Fernando de Rojas o Miguel de Cervantes los usaron para construir personajes como la Celestina o Sancho Panza, o que otros han recogido en «refraneros» que hasta hoy se siguen publicando.

Además de esa sabiduría proverbial transmitida en forma tradicional en la vida familiar, el antiguo Israel tuvo procedimientos e instituciones dedicados a entrenar escribas, es decir, funcionarios de las burocracias del gobierno y del Templo, además de los que servían fines particulares, sobre todo comerciales. Esta forma de instrucción se llevaba a cabo por maestros reconocidos como tales, al menos algunos de los cuales se conocían como «sabios» (*jakamim*, véase Pr 22.17, 24.23). El autor del libro de Job, sin usar ese título, toma por sentado que Job «enseñaba a muchos» (Job 4.3), y el editor final de Eclesiastés coloca al «Predicador» entre los sabios (Ec 12.9, 11). Es en las «escuelas» —es decir, en la variedad de ámbitos en los cuales se adiestraban los jóvenes aspirantes a la profesión de escribas, donde la lectura y la escritura eran elementos esenciales de la instrucción— que podemos fijar las colecciones de proverbios tradicionales, ahora en forma escrita y para uso de la instrucción, que encontramos en parte en Proverbios. Además hay otros proverbios que, aunque siguen formas tradicionales, indican por su contenido que hallaron sus orígenes en esos centros de entrenamiento profesional. En otra sección de esta introducción trataremos brevemente sobre las formas literarias características de la literatura sapiencial, de las cuales el libro de Proverbios nos proporciona los más claros ejemplos.

Carácter internacional

No ha de sorprendernos el que la literatura sapiencial de Israel haya tenido paralelos y hasta fuentes en las literaturas sapienciales de otras culturas del mundo antiguo circundante, de las cuales las mejor documentadas son las de Mesopotamia y la de Egipto. En primer lugar, la necesidad de educar jóvenes escribas fue común a esas culturas. En segundo lugar, hay indicios de que esa educación debió incluir algún conocimiento de textos sapienciales extranjeros, posiblemente por medio de traducciones al arameo hechas durante el tiempo de los imperios neoasirio, babilonio y persa, cuando el arameo sirvió como la «lengua franca» de comunicación oficial (véase por ejemplo 2R 18.26, o Dn 2.4 y el hecho que desde ese versículo hasta el 7.28, el libro de Daniel está escrito en arameo). Esto explica por ejemplo la presencia de una versión hebrea de parte de la «*Enseñanza de Amenemope*» —un texto sapiencial egipcio, en Pr 22.17–24.22 y otra docena de versículos esparcidos— así como también la influencia de las «*Palabras de Ahiqar*», un texto sapiencial arameo al que Fox llama «el libro sapiencial más popular del Medio Oriente antiguo» (*Proverbs 10–31*, p. 737), en numerosos versículos de Proverbios (Pr 23.13-14 y 30.32-33 entre otros). «Amenemope» y «Ahiqar» fueron obras bien conocidas (y copiadas) en su tiempo, y por eso han sobrevivido hasta el presente, respectivamente en egipcio y en arameo, pero Proverbios también incluye mención de las «Palabras de Agur hijo de Jaqué» (Pr 30.1) y de las «palabras del rey Lemuel: profecía con que lo instruyó su madre» (Pr 31.1), obras que son probablemente productos de otras culturas vecinas de Israel, pero que no conocemos fuera del texto bíblico. Al igual que el autor del libro de Job, que nos dice que su protagonista era oriundo del «país de Uz» (Job 1.1) —la tradición judía siempre ha considerado a Job entre los gentiles— los editores de los libros sapienciales ni pensaban en la sabiduría como propiedad exclusiva de Israel, ni despreciaban el uso de obras sabias oriundas de otras culturas.

Introducción

Formas literarias típicas

El título hebreo del libro de Proverbios, *mishle shelomo*, introduce en forma plural el nombre *mashal*, dado más bien al género literario que a la forma específica, que se identifica principalmente con la literatura sapiencial. J. Vílchez ha dicho que esa palabra hebrea «se aplicaba al principio a los dichos populares breves, incisivos, cáusticos», pero que «con el paso del tiempo, al dicho popular sucede la sentencia más estilizada según las normas del paralelismo» (Alonso Schökel y Vílchez Líndez, 96-97). En el ambiente más formal (y en la forma escrita) en que esta literatura terminó de fraguarse, dice Vílchez que el nombre de *mashal* llega a aplicarse a una variedad de formas que «ya no son solamente dichos y breves sentencias, sino aforismos, enigmas, poemitas numéricos, etc., de carácter profano y religioso». (96). Sin intentar aquí una clasificación completa de las formas literarias que aparecen en toda la literatura sapiencial, podemos al menos identificar la forma que tradicionalmente se llama *meshalim* (forma plural de *mashal*) que aparece sobre todo en los capítulos 10 a 29 de Proverbios. Se trata de una forma concisa, memorable, adecuada para la transmisión oral, que Alonso Schökel identifica con las que en nuestro idioma, además de los «proverbios», llamamos también «refrán, sentencia o aforismo, o máxima» (117). Acertadamente, en su comentario sobre Proverbios, Schökel compara frecuentemente los refranes de nuestra tradición hispana con los proverbios bíblicos, y encuentra que esa comparación nos ayuda «a comprender la forma de los [proverbios] hebreos» (117). Muchos de estos proverbios tienen la forma de versículos con dos hemistiquios y, como ya se ha visto, están configurados de acuerdo con el paralelismo binario, que es la característica formal más sobresaliente de la poesía hebrea bíblica. Baste como ejemplo el primer versículo de la recopilación de *meshalim* que comienza en Pr 10:

«El hijo sabio alegra al padre,
   pero el hijo necio es la tristeza de su madre» (10.1).

En hebreo, el versículo consiste en ocho palabras, distribuidas en dos hemistiquios de cuatro, lo que hace más fácil ver el paralelismo, en este caso del tipo antitético:

«ben jakam yesammaj av
uven kesil tugat immo»

Es decir, hijo sabio/hijo necio; alegra/entristece; padre/madre, son elementos paralelos que expresan un solo pensamiento: el efecto positivo que la educación de los hijos tiene sobre la familia, y por el contrario, el mal resultado de su falta, en forma de una antítesis. Sin tener el espacio para disertar aquí sobre todas las variedades de la forma que han analizado los estudiosos, cabe recomendar los valiosos recursos de Vichez y Schökel que se recomindan en nuestra Bibliografía selecta.

Capítulo 1

Job

Introducción

El libro de Job tiene la gloria —y también la dificultad para el intérprete— de ser una obra poética única, que muchos han llamado la cima de la poesía bíblica hebrea. Es necesario tomar en serio el carácter literario y poético del libro, es decir, el hecho de que este, a diferencia de otros libros de la Biblia, fue escrito por un autor que aparentemente estaba bien consciente de que estaba componiendo una obra de arte. Tal vez por eso Job tiene más palabras rebuscadas —que aparecen únicamente allí— que ningún otro libro del Antiguo Testamento, en parte porque el autor se esforzó por crear un lenguaje adecuado a sus personajes, que habitaban en la «tierra de Uz». Como Luis de Góngora —en el movimiento que vino a ser llamado el culteranismo de la poesía española del siglo 16— el autor rebuscó en su idioma y en otras lenguas (romances y clásicas para Góngora, semíticas para el autor de Job) para darle a su poesía un nuevo acento. Parece que hubo una «tierra de Uz», ya que Jeremías 25.20 y Lamentaciones 4.21 la mencionan, pero su ubicación es incierta: la opinión tradicional más frecuente asocia a Uz con Edom, pero los estudiosos modernos prefieren identificar a Uz como un territorio en el noroeste de Arabia. Génesis 10.23 y otros pasajes hacen a Uz hijo de Aram, y esto les ha sugerido a otros que ese territorio estaba en Siria (el nombre de Siria es Aram en hebreo). En todo caso, está claro que para el autor del libro de Job Uz es simplemente una tierra lejana donde residieron Job y sus amigos.

Job y los demás personajes humanos del libro se cuentan entre los gentiles en la tradición judía. Ezequiel (14.14 y 20) menciona a Job, junto con Noé y Daniel (Danel, el que hoy conocemos por los textos de Ugarit del siglo 13 a. C.) como tres hombres legendarios por su justicia. En el caso de un severo juicio que destruyera la tierra por su rebelión contra Dios, los males «no librarían ni a hijo ni a hija. Solamente ellos, por su justicia, librarían sus propias vidas» (Ez 14.20). Noé, antepasado de toda la raza humana después del diluvio, Danel, el sabio juez de Ugarit en Siria, y por supuesto Job, el sabio de Uz, le son ya conocidos al autor de Ezequiel 14 como figuras tradicionales. Tal vez una versión —posiblemente en forma oral— del relato en prosa con el que abre y cierra el libro de Job (1.1-2.13 y 42.7-17) le fuera ya conocida al autor de Ezequiel, y por supuesto mucho después al autor de Job.

La opinión preponderante entre los comentaristas modernos sobre la fecha de la composición de Job —basada en gran parte en la influencia del arameo del período persa sobre el idioma hebreo del libro— es que es una obra del período posexílico, escrita no antes de fines del siglo sexto a. C., y más probablemente en o después del quinto, aunque se hace difícil ponerle fecha debido a que el autor ha tratado deliberadamente de localizar su obra no solamente en un lugar remoto, Uz, sino también en un pasado lejano, antes que existiera Israel (la interpretación talmúdica, de acuerdo con esto, pensó que Moisés fue el autor [Talmud Babilónico, Baba Bathra 14b]). Al darle a su obra ese remoto trasfondo, el autor puede considerar su tema central como un asunto universal, como una cuestión que atañe a todo el género humano, en todo tiempo y lugar.

¿Y cual es ese tema? No faltan, en la literatura internacional del medio oriente antiguo, ejemplos de obras en las cuales se presta atención al sufrimiento de un inocente. Contra ciertas doctrinas de las escuelas sapienciales —en las cuales el bienestar material, la felicidad y la honra eran las recompensas del justo y piadoso, mientras que la miseria, el sufrimiento y la desgracia tarde o temprano serían las del necio pecador—, Job alega la evidencia de la realidad: los justos sufren, la piedad no conlleva el bienestar y el destino de los inocentes es a menudo la miseria. No es que el autor de Job tenga una respuesta: al contrario, su obra, que pone a Dios en el centro de la interrogación —al mismo tiempo que insiste en que Dios no está sujeto a la competencia del ser humano para interrogarlo— deja al lector con más serias y profundas preguntas sin respuesta.

En cuanto a la forma de Job, entre de los ya mencionados prólogo y epílogo en prosa (1.1-2.13 y 42.7-17), la obra es una larga composición poética, en forma de diálogo entre Job y sus interlocutores: los tres amigos, Elifaz el temenita, Bildad el suhita y Zofar el naamatita; Eliú el buzita, un personaje que aparece repentinamente para juzgar a los amigos; y Dios, que interpela a los amigos y a Job al final del libro. Aunque la comparación de esta obra —producto de la antigüedad semítica, y en todo caso una obra artística idiosincrática— con formas propias de la tradición literaria de occidente no puede ser totalmente acertada, han sido sugeridas dos formas en especial: el diálogo filosófico y el drama. Alonso Schökel combina ambas cuando dice que el libro de Job es un drama con muy poca acción y mucha pasión... La acción es sencillísima: entre un prólogo doble y un epílogo doble —en el cielo y en la tierra— se desenvuelven cuatro tandas de diálogo. Tres veces habla cada uno de los amigos y Job responde; la cuarta vez Job dialoga a solas con Dios... Dios, como instancia suprema, zanja la disputa entre Job y sus amigos; como parte interpelada, responde y pregunta a Job para encaminarlo hacia el misterio de Dios (Job, 11, 12).

El prólogo (1.1–2.13)

El hombre perfecto y recto (1.1-5)

Como tantos otros relatos, el autor —que de esta manera nos comunica que nos va a contar una historia— comienza con «había en el país de Uz un hombre llamado Job», e inmediatamente nos dice lo que tenemos que saber sobre Job para seguir el hilo de la narración. Ese hombre era «perfecto (*tam*) y recto (*yashar*)» y además tenía las cualidades esenciales del sabio: temía (respetaba) a Dios y se apartaba del mal. El autor no tiene que decir que, en consecuencia de esas cualidades, Job disfrutaba de grandes bendiciones (en la escena siguiente, en la corte celestial, se hará claro este punto y su importancia para la trama de la obra). Los versículos 2 y 3 esbozan, en listas estilizadas, el número —los nombres no importan— de sus hijos (siete) y de sus hijas (tres), y la abundancia de sus ganados (en números redondos y simbólicos) y de sus criados («muchísimos»). Como resultado de sus cualidades y sus bendiciones, Job también tenía posición y renombre, «era el hombre más importante de todos los orientales» (3). Para darnos un ejemplo de la vida y conducta piadosas de Job, el autor elige relatar que cuando sus hijos, que compartían las riquezas de su padre, celebraban frecuentes fiestas y banquetes, Job se cuidaba de ofrecer sacrificios expiatorios en sus nombres, por si acaso se hubieran dejado llevar por el entusiasmo —o la bebida— y por descuido hubieran pecado y «blasfemado (el hebreo dice, eufemísticamente, ‹bendecido›, véase también el 2.9) contra Dios en sus corazones» (5). Así, nos dice el autor, hacía Job todo el tiempo.

La primera prueba (1.6-22)

Habiendo establecido que Job era el hombre perfectamente justo y virtuoso, sin secretos culpables —cosa que, además de Job, solamente Dios, el Adversario y el lector saben, y que los amigos no pueden creer— el autor mueve su relato al plano celestial, donde la corte de Dios se reúne.

La idea de la corte celestial, donde Dios se sienta como un rey en su trono y recibe a sus oficiales y ministros, es muy antigua en las literaturas del mundo semítico, y no cabe duda de que tuvo influencia en lo que sigue. Por supuesto, las imágenes que vemos —por ejemplo, en los poemas acádicos o ugaríticos— se basan en el politeísmo de esas culturas religiosas, y por lo tanto incluyen un panteón, y no un Dios único, como en Job. Por otro lado, ya que esa imagen de Dios como rey se basa en la experiencia histórica de las monarquías humanas, no cabe duda de que hay detalles en la imagen que tienen origen en los procedimientos de la corte persa, que seguramente sirvió en parte como modelo al autor. «Un día», dice el versículo 6, «acudieron a presentarse delante de Jehová los hijos de Dios». La traducción es correcta, pero puede confundir al lector: los *bney ha'elohim* o «hijos de Dios» son seres sobrehumanos pero no divinos, creados por Dios para llevar a cabo sus planes y para llevar mensajes, es decir, agentes de Dios, a los que la tradición judeocristiana (y también el Islam) dio el nombre de ángeles. Volviendo al relato, un día en el que la corte celestial estaba en sesión, vinieron estos agentes de Dios a dar cuenta de sus actividades y tareas. Ente ellos —siendo parte del grupo— vino «Satanás», que es como la RVR traduce el hebreo *hassatan*, término que lleva el artículo definido, y que por lo tanto no es en este caso un nombre propio («Satanás»), sino el título de uno de los oficiales de la corte, literalmente «el adversario», «el acusador». Para recordarnos esto, de aquí en adelante usaré el término «el Satán». Su tarea, como se hace claro inmediatamente, es la de un agente de la policía secreta, un investigador cuya función es vigilar a los humanos y descubrir entre ellos indicios de traición o de rebeldía contra Dios. El Imperio Persa, que organizó y mantuvo un temible y eficaz sistema de espionaje interno, puede haber sido el modelo para esto. La acción comienza en el versículo 7, cuando el Señor le pide a su agente que dé su informe: «¿De dónde vienes?», y cuando este empieza su respuesta, lo interrumpe y se jacta de Job, usando en el versículo 8 las mismas palabras con las que el autor lo introdujo en el versículo 1. En cierto sentido, el tema del libro —la relación entre la piedad y el bienestar— se anuncia por primera vez en la pregunta que el Satán le dirige a Dios: «¿Acaso teme Job a Dios de balde?» y en el reto que le hace, en efecto: quítale lo que le has dado, y te maldecirá (RVR usa «blasfemar» para traducir el hebreo en el versículo 11, que de acuerdo con los escrúpulos de los escribas, dice literalmente «bendecirá»).

La escena que sigue (versículos 13-19) demuestra la pericia artística del autor. Las referencias a los hijos de Job en los versículos 13 y 18-19 forman un marco dentro del cual Job recibe las noticias de los desastres en los que lo pierde todo. Los mensajeros llegan, y uno tras otro anuncian malas noticias: la pérdida de los rebaños, de las bestias de carga y de los siervos, y terminan con la misma fórmula: «Solamente escapé yo para darte la noticia». Sabiendo ya que ha perdido su fortuna, Job recibe el golpe final: todos sus hijos e hijas han muerto juntos al desplomarse la casa del mayor ante un gran viento que vino del desierto. La respuesta de Job a esta calamidad completa le da a Dios la primera victoria sobre el Satán: Job se pone de luto, pero lo primero que hace es adorar, y es en este punto que dice sus famosas palabras: «Desnudo salí del vientre de mi madre y desnudo volveré allá. Jehová dio y Jehová quitó: ¡Bendito sea el nombre de Jehová!» (21).

Job, Proverbios, Eclesiastés y Cantar de los Cantares

La prueba (2.1-10)

La escena vuelve al plano celestial en el 2.1, cuando otra vez se reúne la corte. El diálogo entre Dios y el Satán se repite casi exactamente, lo cual puede ser herencia del origen oral de la narración. Casi exactamente, pues Dios añade, triunfalmente, que Job «¡Todavía mantiene su integridad (*'odennu majaziq betummato*), a pesar de que tú me incitaste contra él para que lo arruinara sin causa!» (3). Pero el Satán no se da por vencido: insiste que si Dios «toca su hueso y su carne» (5), es decir, le afecta la salud a Job, este lo «bendecirá» (véase arriba, sobre el 1.11) en su cara. Dios le permite al Satán hacer lo que propone, pero sin matar a Job.

La dolencia con la que el Satán aflige a Job, «una llaga maligna desde la planta del pie hasta la coronilla de la cabeza» (7) hace eco de las palabras con las que comenzó su respuesta a Dios en el 4, «piel por piel», y tiene la ventaja dramática de ser una aflicción pública y visible, pero que no afecta la capacidad de Job de razonar y responder. No solamente durante el breve encuentro con su mujer (9 y 10), sino a través del libro entero, debemos imaginar a Job cubierto de llagas, rascándose con un tiesto y sentado en las cenizas. Las palabras de la mujer de Job (9) hacen eco del diálogo entre Dios y el Satán en los versículos 3-5: «¿Aún te mantienes en tu integridad (*'odeka majaziq betummateka*)? ¡Maldice (véase arriba sobre el 5 y el 1.11) a Dios y muérete!».

La respuesta de Job en el versículo 10, junto con la del 1.21, tal vez han sido la causa principal de la atribución de la paciencia suprema a Job en nuestra cultura. Si, como es probable, alguna forma del relato en prosa circuló independientemente antes de la composición del libro de Job, es posible que la paciencia haya sido la virtud que más contribuyó a la «integridad» del personaje. «¿Recibiremos de Dios el bien, y el mal no lo recibiremos?» (10). Es cierto que Dios ganó la porfía con el Satán, «en todo esto no pecó Job con sus labios», pero en vez de terminar, el verdadero argumento del libro empieza con eso. La paciencia piadosa de Job no es ni la única, ni la principal causa de su integridad. En el diálogo que sigue —primero con los amigos y al fin con Dios— la integridad de Job se manifiesta en que este, al tiempo que no duda que sus aflicciones vienen de Dios, insiste tenazmente en que Dios le explique la razón de sus desgracias, pues sabe que no tiene oculto un pecado que las merezca. La pregunta del Satán: «¿acaso teme Job a Dios de balde?» (1.9) se traslada a un ámbito universal, y se transforma en una interrogante sobre la relación entre la piedad y el sufrimiento que toca a todo ser humano: «¿Cómo se explican los sufrimientos del inocente?».

Los tres amigos (2.11-13)

En este punto entran en escena los tres amigos de Job: Elifaz el temanita, Bildad el suhita y Zofar el naamatita. Lo que sabemos de ellos es lo poco que podemos derivar del poema mismo: eran hombres como Job, sabios y respetados en sus contextos sociales. Habiendo oído las calamidades que Job había sufrido, vienen «a condolerse con él y a consolarlo» (11), y lo primero que hacen es cumplir con las formas externas del duelo en los antiguos pueblos semíticos: rasgaron sus vestidos, se echaron polvo sobre la cabeza, y se sentaron en silencio con Job en la tierra por siete días y noches. La escena está puesta para el diálogo, que va a desarrollarse entre Job y los tres amigos hasta el final del capítulo 31. En el 32 se introduce otro personaje, Eliú, que toma la palabra hasta el final del 37. El Señor aparece inesperadamente en el 38 y habla hasta el fin del 41. Entonces Job responde en el 42.1-7, el Señor se dirige a los amigos brevemente en el 42, 8 y 9, y el 42.10-16 termina el libro con la restauración de la fortuna y familia de Job.

La primera disputa entre Job y sus amigos (3.1–14.22)

Job maldice su nacimiento (3.1-26)

Al final del prólogo en prosa, los tres amigos han dado expresión a su espanto al ver la condición penosa en la que Job ha quedado como mudo y, como hemos visto, con manifestaciones externas de duelo. El poema de Job comienza cuando el protagonista rompe el silencio con las terribles y elocuentes palabras con las que maldice su suerte. Ya que no se trata de maldecir a Dios, la introducción de su diatriba en el versículo 1 no esconde el verbo «maldecir» con un eufemismo: «abrió Job su boca y maldijo (*wayeqallel*) su día». Los versículos 3 a 10 son una serie de maldiciones única en el Antiguo Testamento: comparables a las de Deuteronomio 28.15-46 o Amós 7.14-17 en su despiadada ferocidad, pero dirigidas, en un ámbito cósmico, contra el día mismo del nacimiento de Job, o contra la noche de su concepción, y no, como los otros ejemplos dados, contra otro ser humano. La reputada paciencia de Job se esfuma ante esta desgarradora confesión de su estado de ánimo, en la que maldice ese día y esa noche y los consigna a la oscuridad eterna del no existir, «por cuanto no [cerraron] las puertas del vientre donde yo estaba, ni [escondieron] de mis ojos la miseria».

Lo que Job quiere es no haber vivido (11-19): «¿Por qué no morí yo en la matriz? (11)... Ahora estaría yo muerto, y reposaría; dormiría, y tendría descanso (13)» y, como deja bien claro en estos versículos, lo que quiere es compartir la suerte última de reyes y esclavos, conquistadores y cautivos, chicos y grandes: morir, dormir, descansar al fin. El Job del prólogo es una figura unidimensional, pero este Job desesperado e impaciente se revela como un ser humano complejo, aunque su abismo interior sea en este momento una sima oscura, un personaje más profundo que el primero. La última estrofa del capítulo (20-26) nos muestra un Job ya listo a debatir las causas y las consecuencias de su situación. Las preguntas que lanza al vacío en los versículos 20-23 van a caer, inevitablemente, a los pies de Dios: «¿Por qué dar vida al hombre que ignora su camino, al que Dios le cierra el paso?» (23). Es a este Job, y no al «paciente» de tanta interpretación, al que confrontan los amigos.

Primer discurso de Elifaz (4.1–5.27)

Este es el primer discurso de Elifaz, que va a volver a tomar la palabra en los capítulos 15 y 22. El nombre «Elifaz» aparece en Génesis 36.4, 10, 15 y 1 Crónicas 1.35 como el de un hijo de Esaú, y por tanto un nombre asociado con Edom, aunque no se refiere a la misma persona. Temán es un lugar en Edom que en Jeremías 49.7 se conecta con la sabiduría.

La posición que Elifaz le plantea a Job es simple, y es el producto de un razonamiento brutalmente lógico. Habiéndole recordado a Job que él mismo ha sido maestro de ese sistema: «tú enseñabas a muchos... mas ahora que el mal ha venido sobre ti, te desalientas... ¿No has puesto tu confianza en temer a Dios?» (versículos 3, 5, 6), ahora le presenta el argumento que Job tan bien conoce: «Piensa ahora: ¿qué inocente se pierde? ¿Dónde los rectos son destruidos?» (7). La visión de imágenes nocturnas que Elifaz introduce en su discurso le proporciona una excusa para poner en boca de un «fantasma» (*temuna*, literalmente, en lo sucesivo *lit.*, «forma», 16) su reprensión a Job: «¿Será el mortal más justo que Dios? ¿Será el hombre más puro que el que lo hizo?» (17). Elifaz entiende que Job ha emprendido el peligroso camino de pedirle a Dios que se explique, lo que lo va a llevar al fin al careo con Dios que constituye el clímax del libro. Para Elifaz, esto es un intento de blasfemia, aunque para Job es un caso de conciencia. En el capítulo 5 Elifaz arguye que los necios sufrirán desastres (2-5), y le aconseja a Job que se encomiende a Dios (8). Sus palabras en los versículos 9-16 constituyen un himno que puede compararse al Cántico de Ana en 1 Samuel 2.1-10, pero que en boca de Elifaz hace sonar una nota irónica. Y en la sección final del capítulo, versículos 17-27, Elifaz trata de convencer a Job de que lo que le ha sucedido es una bendición: usando formas típicas de la literatura sapiencial, como el macarismo (17) o el dicho numérico (19), y con un tono que sugiere una parodia del estilo sapiencial, le dice a Job que es bienaventurado, porque el Señor lo está reprendiendo y corrigiendo, «porque él es quien hace la herida pero él la venda», y le hace promesas que, después de lo que ya le ha sucedido a Job y a su familia, suenan bien huecas. El consejo de Elifaz —y de los otros amigos, si así entendemos el versículo 27— es que Job debe someterse y aceptar lo que ha sucedido como una lección divina, por dura que sea, y confiar que Dios lo librará de su castigo. El versículo 27 tiene un tono insufrible por lo engreído: al pobre sufriente le dice Elifaz, en nombre de los amigos, «nosotros lo hemos inquirido, y es así. Escúchalo y conócelo para tu propio provecho».

Job responde a Elifaz (6.1–7.21)

Job protesta inmediatamente que sus sufrimientos son verdaderos y demasiado pesados para simplemente llevarlos con paciencia. Su queja y su tormento, dice en el 6.1-2, si fueran pesados en la balanza, «pesarían ahora más que la arena del mar». Por eso ha hablado tal como lo hizo, y no se retracta de su insistencia en que Dios tiene que responder: «porque las flechas del Todopoderoso se me han clavado, su veneno lo ha bebido mi espíritu y los terrores de Dios combaten contra mí» (6.4). En su defensa, Job reprocha a sus amigos por haberle fallado: «pero mis hermanos me han traicionado como un torrente; han pasado como las corrientes impetuosas que bajan turbias por el deshielo y mezcladas con la nieve, que al tiempo del calor se secan, y al calentarse desaparecen en su cauce» (6.15-17). Es decir, que en tiempos en los cuales no necesitaba su ayuda, su compañía y su consuelo, estaban presentes, pero ahora en su necesidad no pueden ofrecerle nada que le sea útil. En los versículos 24-30 del capítulo 6, Job termina su protesta contra sus amigos diciéndoles, en efecto, que si quieren ayudarlo, deben mostrarle dónde está su pecado, en vez de asumir que, porque Job sufre, debe de haber pecado: «Instruidme, y yo callaré; hacedme entender en qué he errado» (24).

Job comienza el capítulo 7 (versículos 1-6) con una meditación sobre la condición humana. Es una vida dura y sin gran esperanza, reducida a buscar la sombra como un esclavo que trabaja bajo el sol, o la paga mísera como un jornalero, «meses de desengaño y noches de sufrimiento». Esa descripción se hace personal —es la vida de Job ya desde el versículo 3— y también desde el versículo 7 se dirige directamente a Dios, como si el discurso de Elifaz hubiera sido solamente una distracción. Queda claro, no solamente por el cambio a la segunda persona del singular, masculina, «acuérdate de que mi vida es un soplo» (7), sino por el uso de expresiones que hacen ver que Job le está hablando a Dios y no a Elifaz. Job les da expresión a sus sentimientos más amargos en estos versículos, acusando a Dios de tratarlo como si fuera «el mar, o un monstruo marino» (12) (el enemigo tradicional de Dios en la antigua mitología semítica), de atormentarlo con sueños y visiones terribles cuando trata de dormir, de ponerlo en el blanco de sus saetas, y todo sin razón aparente. Job reitera brevemente el deseo de morir que expresó ya en el capítulo 3: «¡Aborrezco mi vida!» y le suplica «¡déjame, pues, ya que mis días solo son vanidad!». La palabra *jebel*, aquí traducida «vanidad» es la misma que forma el nombre de «Abel» en Génesis 4 y que usa Eclesiastés en su famoso dicho en el que condena la futilidad de la vida humana, «vanidad de vanidades, todo es vanidad» (Ec 1.1), y significa un soplo, algo pasajero y sin valor o permanencia. Una alusión aún más clara (y más amarga) a la tradición bíblica es el versículo 17, en el que se oye un eco del Salmo 8.4, y del 144.3. En suma, lo que Job le pide a Dios en este momento es que le deje morir en paz (versículos 19-21).

Job

Primer discurso de Bildad (8.1-22)

Bildad el suhita es el segundo de los amigos que se dirige a Job. Su tono es más impaciente que el de Elifaz, y nos deja ver su irritación ante las palabras de su afligido amigo: «¿Hasta cuándo hablarás tales cosas y las palabras de tu boca serán como un viento impetuoso?» (8.1). En cuanto a argüir su caso, Bildad casi no hace más que elevar el volumen: el resto del capítulo se dedica a protestar que Dios ni tuerce al derecho, ni pervierte la justicia. Si sugiere algo nuevo en la discusión, es que fueron los hijos de Job los que pecaron (versículo 4), y Dios «les hizo cargar con su pecado». En cuanto a Job, deberá seguir confiando en que «Dios no desecha al íntegro ni ofrece apoyo a la mano del maligno» y que con el tiempo, «Él llenará aún tu boca de risas, y tus labios de júbilo» (21).

Job responde a Bildad (9.1–10.22)

La respuesta de Job a Bildad empieza con su declaración de que está de acuerdo, por lo menos en teoría, con lo que Bildad ha dicho. ¿Acaso no es Job también un maestro de sabiduría? «Ciertamente yo sé que esto es así: ¿Cómo se justificará el hombre delante de Dios?» (2). Dando prueba de sus credenciales, Job pronuncia un discurso en el que la premisa mayor es que Dios es omnipotente, creador del mundo y de todos sus elementos, sin que ningún otro poder pueda oponérsele: «¿a quién, si quisiera resistirle, le iría bien?» (4). Las imágenes que usa Job para aludir a la primacía cósmica de Dios en estos versículos se derivan de la mitología semítica de la creación por combate, tan presente en el trasfondo de muchos de los Salmos: la creación es el resultado de la victoria de Dios sobre el Caos, representado como el Mar (8), el dragón o monstruo marino (véase el 7.12), o Rahab (la palabra está en el texto hebreo del 9.13, pero la RVR la traduce «los soberbios», y también en el 26.12, donde la RVR dice «su arrogancia»).

Lo que hace Job en el resto del capítulo 9 es sobre todo poner en claro la desigualdad de una contienda entre Dios y él: «Él no es un hombre como yo, para que yo le replique y comparezcamos juntos en un juicio. No hay entre nosotros árbitro que ponga su mano sobre ambos... » (32, 33), dice, antes de dirigirle de nuevo su queja a Dios. Esto es lo que hace en el capítulo 10, diciendo primero que está desesperado: «¡Mi alma está hastiada de mi vida!» (1), y bajo el pretexto de que ensaya su defensa: «Diré a Dios: "No me condenes, sino hazme entender por qué contiendes conmigo"» (2). Job insiste en su inocencia, y en que Dios sabe muy bien que no es culpable (7). También le recuerda a Dios que fue su creador (8-12), y confiesa estar perplejo porque Dios ahora lo persigue: «Si alzo la cabeza, como un león, me das caza (16)». Después de repetir, en efecto, su dolorosa pregunta del capítulo 3.20-23 en el 10.18-19, Job concluye pidiéndole a Dios que le deje morir tranquilo, para irse para siempre «a la tierra de la oscuridad y el desorden, lóbrega como sombra de muerte (como en Sal 23.4, léase ‹oscuridad profunda›), donde la luz es como densas tinieblas» (21-22). Para el escritor de Job, no hay más, después de la muerte, que el destino universal y triste del Seol (el lugar de los muertos), que para el personaje Job, en sus momentos de sufrimiento desesperado, parece una alternativa mejor que la vida.

Primer discurso de Zofar (11.1-20)

Llega el turno del tercer amigo, Zofar el naamatita, quien ataca las palabras de Job, llamándolas «palabrería» (RVR «muchas palabras»), y a Job «charlatán» (RVR «hombre que habla mucho», lit., «hombre de labios») en el versículo 2, y en el versículo siguiente las tacha de «falacias» (así dice la RVR; mejor, «fanfarronerías») y de burlas. Zofar está seguro de que Dios ha castigado a Job menos de lo que Job merece por su iniquidad (6), que por supuesto Job se niega a confesar. En los versículos 11 y 12, la RVR usa la expresión «hombres vanos» para traducir dos expresiones hebreas, *metey shaw* (11) e *'ish nabob* (12), que el texto hace equivalentes. Aunque, técnicamente hablando, la traducción es correcta, puede causar confusión si se toma «vano» en el sentido de «vanidoso», ya que eso no es lo que quiere decir el texto hebreo. Sería mejor decir hombres huecos o vacíos, o falsos, o que nada valen, o como lo hace la NRSV en el 12: «estúpidos».

La única esperanza que tiene Job, según Zofar, es confesar su iniquidad —la que su sufrimiento demuestra que esconde— y buscar el perdón de Dios. Solamente así podrá recobrar su confianza y esperanza, y volver a su antigua posición de respeto: «Te acostarás y no habrá quien te espante; y muchos suplicarán tu favor» (19). Sin embargo, la última palabra que Zofar le dirige a su amigo en esta ocasión deja ver, con su referencia sarcástica al grito desesperado de

Job como señal de su supuesta maldad, los verdaderos sentimientos del naamatita: «Pero los ojos de los malos se consumirán; no encontrarán refugio; y toda su esperanza será dar su último suspiro» (20).

Job responde a Zofar y a los tres amigos (12.1–14.22)

Job comienza este largo discurso, en el que responde a las primeras salidas de sus tres amigos, con una breve defensa personal, en la cual adopta brevemente el tono sarcástico de Zofar: «Ciertamente vosotros sois el pueblo, y con vosotros morirá la sabiduría» (12.1), pero se da también a sí mismo la autoridad que sus amigos se han abrogado, para reprenderlos por tratarlo como un objeto de burla (véase el versículo 4, donde Alonso Schökel traduce «hazmerreír de mi vecino» y la RVR «soy uno de quién su amigo se mofa») aunque él es su igual en conocimiento y sabiduría: «¡no soy menos que vosotros!» (3). El argumento de Job comienza de nuevo en los versículos 7-10 en una forma que, para sus amigos, debió de haber sido muy familiar, ya que el punto de partida es la tesis sapiencial que dice que el examen cuidadoso —podría decirse científico— de la naturaleza lleva inevitablemente a la conclusión de que es obra de Dios, creada de acuerdo con su plan sabio y racional (véase Pr 8.22-31). Job usa la imagen del sabio preguntándole a los animales, las aves, la tierra misma y los peces del mar para descubrir sus orígenes, y recibiendo de ellos la misma respuesta: Dios los hizo, y es también quien los mantiene vivos: «en su mano está el alma (o respiración, aliento, *nefesh*) de todo viviente, y el hálito de todo el género humano» (10). El segundo punto en el argumento de Job, en los versículos restantes del capítulo 12 (11-25), es también clásico: Dios mantiene el control sobre lo que sucede en el mundo, su creación. No solamente la sabiduría, sino el poder son suyos (13, 16) tanto en la sociedad humana (14) como en la naturaleza (15). Los versículos 17-25 son un poderoso himno al poder de Dios, tal como se manifiesta en la historia humana. A pesar de cierta oscuridad en el idioma del poeta, por ejemplo en los versículos del 17 al 19 (Alonso Schökel ha sugerido una escena «en el desfile triunfal de un soberano que conduce cautivos y humillados a sus enemigos derrotados», Job p. 66, como el trasfondo de las imágenes), el sentido principal está bien claro: Dios es quien hace y deshace en la historia humana.

Job abre el capítulo 13 volviendo de nuevo al ataque: ¡Yo sé todo eso tan bien cómo ustedes! Pero insiste en que los amigos no quieren ver la consecuencia inevitable de la afirmación del poder creador y del gobierno de Dios en el mundo: Dios es responsable por lo que Job, sabiéndose inocente, está sufriendo. ¡Lo mejor que pudieran hacer los amigos es callarse! (5). Job rechaza la imagen judicial de una corte en la que él es el reo y Dios es el juez, y sus sufrimientos una justa sentencia por pecados que tercamente se niega a confesar, y en su lugar pone otra, también de un procedimiento jurídico, en el cual dos adversarios se enfrentan ante un juez para zanjar su disputa. Los amigos —a los que Job ha llamado «fraguadores de mentira» y «médicos inútiles» en el versículo 4— son ahora acusados (versículos 7-8) de estar dispuestos a cometer perjurio con tal de mostrar parcialidad en favor de Dios, algo que, irónicamente, Dios mismo condenaría (9-11, anticipando el 42.7-8). En el versículo 12 Job hace una evaluación de lo que, hasta ese momento, han dicho sus amigos: «refranes de ceniza… baluartes de lodo», es decir, palabras y defensas inútiles. Job vuelve a su caso, primeramente dirigiéndose a sus amigos (13-19) en palabras desafiantes, pero que al mismo tiempo demuestran su profunda fe en Dios: «Aunque él me mate, en él esperaré. Ciertamente defenderé delante de él mis caminos (mi conducta)» (15)… «Si yo ahora expongo mi causa, sé que seré justificado. ¿Quién quiere contender conmigo? Porque si ahora callo, moriré» (18-19).

Habiendo así rechazado los argumentos de sus amigos, Job de nuevo se dirige a directamente Dios en el 13.20, para continuar en todo el capítulo 14. Primeramente (13.20-28) le presenta a Dios dos peticiones preliminares, pero esenciales para el juicio que podrá llevar al restablecimiento de sus relaciones: que Dios lo deje en paz, al menos por el momento, o mientras dure el careo: «Aparta de mí tu mano, y que no me espante tu terror» (21); y en segundo lugar, y lo más importante, Job quiere saber de qué se le acusa: «Hazme entender mi transgresión y mi pecado» (22-23). Los versículos 24-28 son un grito desesperado, dirigido a Dios, que se expande como un eco de su primera palabra: «¿Por qué…?». En una serie de imágenes poéticas Job acusa a Dios de esconder de él su rostro, de tenerlo por enemigo, de perseguirlo como hojarasca y de aprisionarlo en el cepo. El resultado es, se queja, que: «mi cuerpo se va gastando como comido de carcoma, como un vestido que roe la polilla» (28). Esa referencia a su condición mortal introduce la meditación sobre la brevedad de la vida humana que constituye el capítulo 14.

El capítulo comienza con el famoso versículo en el que Job describe la brevedad y la futilidad de la vida humana: «El hombre (en hebreo 'adam, ‹ser humano›), nacido de mujer, corto de días y hastiado de sinsabores, brota como una flor y es cortado, huye como una sombra y no permanece» (1-2). La razón por la que Job —todavía dirigiéndose a Dios— alega esta condición es clara: el hombre es demasiado insignificante para que Dios se moleste en lidiar con él: «¿Sobre él abres tus ojos y lo (lit. y mejor, ‹me›) traes a juicio contigo?» (3). Sería mejor si Dios, que es quien ha determinado la brevedad de la vida humana, dejara a los humanos en paz, a que disfrutaran, como pobres jornaleros, de su «jornada» (3), o como dice el texto hebreo, de su día. La imagen del árbol (7-9) que —aunque sea cortado y su tocón muera en el polvo— puede retoñar y producir renuevos, se opone a la del ser humano, cuya muerte es final. Frente a esa realidad, Job ruega a Dios que lo esconda en el Seol hasta que se apacigüe su ira (13). Es enteramente posible traducir los versículos 14-17 tal como lo hace la RVR, o leerlos en el modo subjuntivo, en particular, ya que la frase *ki-'atta*, con la que comienza el versículo 16, puede leerse «pero ahora» (RVR) o «ya que entonces» (así, en inglés, según la NRSV). En este caso, estos versículos podrían leerse: «¿Y si el hombre que muere volviera a vivir? Todos los días de mi vida esperaría hasta que llegara mi liberación. Entonces llamarías y yo te respondería; le tendrías afecto a la obra de tus manos, ya que entonces contarías mis pasos sin vigilar mis pecados, (y) mi transgresión quedaría sellada en un paquete, mi iniquidad cubierta». Pero para Job no es así. La última imagen mayor del capítulo es la de la disolución de una montaña, piedra por piedra, desgastada por el agua y arrastrada hecha polvo por el viento, un proceso lento pero inevitable (18-19). Y así, le dice Job a Dios, «haces tú perecer la esperanza del hombre». Al final, incapaz de saber ni de los honores ni de las desgracias de sus propios hijos, quedará reducido solamente a sentir su propio dolor físico y la aflicción de su alma.

La segunda disputa entre Job y sus amigos (15.1–21.34)

El segundo discurso de Elifaz (15.1-35)

Elifaz el temanita toma la palabra para pronunciar su segunda queja contra Job, al que acusa de «vana sabiduría» (lit., «sabiduría de viento») y de haberse llenado el vientre del viento caliente y molesto que viene del desierto, es decir, «del este» (2). Las protestas de Job no son solamente un palabreo inútil y sin provecho (3), sino que lo peor —dice Elifaz con la actitud de tantos inquisidores y perseguidores de herejes que han seguido sus pasos— es que Job con ellas destruye el temor o respeto a Dios, y menoscaba la meditación o contemplación (RVR «oración») delante de él, al dirigirle directamente sus quejas y su demanda de una respuesta (4). La iniquidad de Job se hace patente en lo que ha osado decir: «tu propia boca te condenará» (6).

En los versículos 7-16, Elifaz continúa sus acusaciones contra Job: es arrogante (7-10), pues cree que es el único que tiene sabiduría (7-10); es malagradecido, pues menosprecia «el consejo que viene de Dios», es decir, el que sus amigos tratan de darle (11); y finalmente, no es más que un ser humano atrevido, que tiene la insolencia de volver su espíritu contra Dios, y blasfemar contra el que «en sus santos no confía, y ni aun los cielos son puros delante de sus ojos; ¿cuánto menos el hombre, este ser abominable y vil que bebe la iniquidad como agua?» (12-16).

Después de esta introducción en forma de un ataque personal, Elifaz vuelve, en el resto del capítulo, al argumento —en realidad una falacia— que asume que, si Job sufre los desastres que caen sobre los pecadores, debe ser porque Job ha pecado. Job sabe, porque conoce su propia vida y su conducta, que esto no es cierto, y el genio del escritor se revela en que el lector lo sabe, y sabe que Dios también lo sabe: Job es inocente, y es precisamente por su inocencia que está en la situación en la que se encuentra. Elifaz, por lo tanto, hace un papel ridículo con su prolija descripción de los sufrimientos y destrucción del impío que se atreve a extender su mano contra Dios y portarse con soberbia contra el Todopoderoso (25), refiriéndose sin muchos tapujos a Job. La verdad es que no hay imagen que menos corresponda a la que hasta este punto el autor nos ha dado de la integridad de Job —y de su confianza total en la justicia de Dios, a pesar de las circunstancias en las que se encuentra— que la del guerrero desenfrenado, obeso como un luchador de sumo (27), que confiando en su escudo se abalanza contra Dios, para caer en la desgracia y en la miseria: «y con el aliento de la boca de Dios (en hebreo, ‹su boca›) perecerá» (30). Elifaz se equivoca cuando incluye a Job entre los que «concibieron dolor (mejor ‹malicia›), dieron a luz iniquidad y en sus entrañas traman engaño» (35).

Job responde a Elifaz por segunda vez (16.1–17.14)

Job vuelve a protestar en defensa propia, primeramente atacando a sus amigos, a los que llama «consoladores molestos» (16.2) que no han hecho más que ofrecerle «palabras vacías» (3). Si se cambiara la situación, y los amigos estuvieran en el lugar de Job, él sabría qué decirles, «os alentaría con mis palabras, y el consuelo de mis labios calmaría vuestro dolor» (5). Pero la situación no ha cambiado, y Job vuelve a su lamento: ¡hable o no hable, su dolor no cesa! (6). Las imágenes con las que Job lamenta su condición en los versículos 6-17 combinan elementos de la enfermedad (8), del insulto, del agravio y la calumnia (9-11), del ataque físico brutal (12-14), y finalmente, del luto más profundo (15-16), todo sufrido «a pesar de no haber iniquidad en mis manos y de ser pura mi oración» (17). Y de todo esto, el responsable es Dios: la lista de sufrimientos es al mismo tiempo un pliego de denuncias al que Dios debe responder. Con palabras que traen a la mente del lector la escena en la que el Señor acusa a Caín de haber asesinado a su hermano Abel (véase en especial Gn 4.10), Job conmina a la tierra que no cubra su sangre, ni encubra su clamor (18), es decir, que su muerte no quede ni escondida ni olvidada. El versículo 19 usa dos palabras que tienen el mismo significado, «testigo», pero la primera, *'ed*, es el término hebreo, mientras que la segunda, *sahad*, es el vocablo arameo, uno de los muchos casos en los que ese idioma aparece en el hebreo de Job. La RVR traduce «testimonio» la segunda vez, y con eso puede causar cierta confusión. El versículo es un ejemplo del paralelismo característico de la poesía hebrea, y no habla de dos cosas diferentes, sino de una: mi testigo (*'edi*) está en los cielos // mi testigo (*sahadi*) está en las alturas. Y ese testigo puede ser solamente Dios, a quien Job apela en un acto de fe desesperada (20-21).

El versículo 22 forma un puente al contenido del capítulo 17, en el que Job, una vez más, va a presentar su súplica a Dios :«Sé tú, Dios, mi fiador… porque, ¿quién, si no, querría responder por mí?» (17.3) con el trasfondo de su desilusión ante el fracaso del intento de sus amigos de consolarlo, y de su convicción de que la muerte es la única esperanza que le queda (13-16).

El segundo discurso de Bildad (18.1-21)

Bildad el suhita de nuevo toma su turno de responder a Job, y después de quejarse de lo que llama «las palabras» —o la palabrería— de Job, y de protestar de que él les ha tomado «por bestias», es decir, les ha faltado de respeto a sus amigos (2, 3), se dedica a dar una perorata que ocupa el resto del capítulo (versículos 5-21). En estos versículos, Bildad se refiere al «impío», pero por supuesto está identificando a Job como tal, y no tiene mucha intención de consolarlo o ayudarlo. Sus descripciones de las calamidades que sufre el impío, cegado (5, 6), atrapado (7-10), atemorizado (11), hambriento (12), enfermo (13), exiliado (14), sin hogar (15), al fin de su vida (16), sin recuerdo ni renombre (17) y sin descendientes (19) aparentemente tienen por objeto persuadir a Job de que él es uno de los impíos. Job, según Bildad, debe reconocer esas calamidades en su propia situación, y confesar que «tales son ciertamente las moradas del impío, y ese es el lugar del que no conoce a Dios» (21).

Job responde a Bildad por segunda vez (19.1-29)

Job vuelve a hablar en defensa propia en este capítulo que, en los versículos 23-27, contiene uno de los pasajes más conocidos del libro. Primero, Job se dirige a los amigos, que siguen insistiendo que lo que le ha sucedido a él es culpa suya, ¡no hacen más que angustiarle el alma y molerlo con palabras! (2). Están equivocados: es Dios el que ha iniciado los ataques contra Job (5-22). Job enumera imágenes en estos versículos que nos hacen ver sus sentimientos al haber sido atacado sin aviso («Dios me ha derribado, y me ha atrapado en su red» 6), de sentirse desamparado («yo grito… pero no se me oye» 7), de la futilidad de esforzarse por salir de su situación («Dios ha cercado con valla mi camino…» 8), de su pérdida de posición social (9), de sus riquezas y hasta de su esperanza (10). Y todavía continúa el asalto de guerra contra él (11, 12). Lo peor, parece decir el pobre Job, es que sus hermanos, conocidos y parientes, y hasta los que vivieron en su casa, su familia y sus sirvientes, ¡hasta su mujer!, se niegan ahora a reconocerlo, «forastero soy yo ante sus ojos» (15). Hasta los niños, que debían respetar sus canas, lo desprecian, y le faltan de respeto. Pero hay más: Job llega al punto de hablar de sus amigos íntimos, «los que yo amo», y al decir que ellos, también, se han vuelto contra él, su tono de queja se torna ruego en los versículos 21 y 22: «¡Vosotros, mis amigos, tened compasión de mí! ¡Tened compasión de mí, porque la mano de Dios me ha tocado! ¿Por qué vosotros me perseguís, lo mismo que Dios, y ni aun de mi carne os saciáis?».

Las palabras que siguen después de este momento tan bajo de la trayectoria emocional de Job, en el que parece estar a punto de rendirse ante el doble asedio de los amigos y de Dios, nos hacen saber que su momento de sentirse indefenso, sin recursos y abandonado fue precisamente un momento y nada más. Job puede, como ya dijo en el versículo 20, estar reducido a huesos y pellejo, derrotado y moribundo, pero sus palabras, sus argumentos, su fe en que Dios tiene una explicación de sus sufrimientos —que no requiere que Job mienta ni abandone su integridad—, esos permanecerán. ¡Escritas, sí, escritas en un libro, o mejor, talladas a cincel y realzadas en plomo en una roca monumental! Porque, Job insiste, son ciertas: «Yo sé que mi Redentor (en hebreo *go'el*, también defensor, protector) vive, y que al fin se levantará (o ‹se pondrá en pie›) sobre el polvo, y que después de desecha esta mi piel, en mi carne he de ver a Dios. Lo veré por mí mismo, mis ojos lo verán, no los de otro» (25-27). Aun en su situación de angustia, sintiéndose casi muerto, Job está seguro de que Dios, por fin, comparecerá en su juicio para defenderlo o a explicar las razones de su aparente castigo. Y ni siquiera la muerte, que a Job le parece estar tan cercana en este momento, será capaz de impedir su vindicación.

La última palabra de Job a sus amigos en este capítulo es una advertencia. Es como si la afirmación de la verdad de sus palabras que acaba de hacer le hubiera dado las fuerzas a quien momentos antes suplicaba para amonestar a sus amigos. Una traducción del versículo 28 un poco diferente de la de la RVR haría más claro el caso: «Si decís: "¿Cómo perseguirlo?" y, "la raíz del asunto se encuentra en él" (con una pequeña enmienda, el en hebreo dice "en mí")» es decir, si los amigos continúan sus ataques contra Job, culpándolo por sus sufrimientos, «¡temed… la espada, porque sobreviene el furor de la espada a causa de las injusticias!» (29). Job acusa a los amigos, no solamente de haber sido consoladores incompetentes (véase el 16.2), sino de ser jueces injustos, sujetos a la pena capital: «¡Sabed, pues, que hay un juicio!».

El segundo discurso de Zofar (20.1-29)
El último discurso de Zofar el naamatita ataca a Job —pues Zofar se cree insultado por lo que su «amigo» ha dicho y quiere defenderse— con una nueva descripción de la desgracia que le espera al impío. Zofar se distingue, en este discurso, como el más agresivo y hasta malhablado de los tres consejeros de Job. Véase por ejemplo la imagen que usa en el versículo 7 para hacer referencia a la existencia pasajera de los impíos. Si se quiere reducir su diatriba a una tesis, el versículo 5 puede servir ese propósito: «la alegría de los malos es breve y el gozo del impío solo dura un momento», algo que Zofar considera establecido «desde el tiempo en que fue puesto el hombre sobre la tierra» (4). Zofar considera la brevedad de la gloria del impío, su muerte y la miseria de sus hijos, pero les presta mayor atención a dos ideas: que el impío se hizo rico deshonestamente, robando y desamparando a los pobres, y que Dios lo forzará a devolver lo robado. Ya que el autor le ha dado a Zofar un carácter un tanto grosero, no sorprende ver que elige las imágenes de tragar y vomitar para referirse a esto:. «Devoró riquezas, pero las vomitará; Dios las sacará de su vientre» (15) es un ejemplo entre otros. Sin embargo, Zofar hace algo más, aunque por implicación, que no puede sino aumentar los sufrimientos de Job. Job había sido un hombre rico, «el hombre más importante de todos los orientales» (1.3), y lo había perdido todo de golpe. Las palabras de Zofar sugieren que sin duda Job debe de haber obtenido sus rebaños y manadas, sus esclavos y todas las propiedades que tuvo —Zofar diría que se tragó— y que perdió tan repentinamente —Zofar diría que las vomitó— a base de la codicia despiadada. «Los cielos» dice Zohar de tal impío, «descubrirán su iniquidad, y la tierra se levantará contra él» (27), como contradiciendo directamente las palabras de Job en el 16.18 y 19.

Job responde a Zofar, y a los tres amigos, por segunda vez (21.1-34)
Job contradice a Zofar inmediatamente. Déjenme hablar, les dice a los amigos, búrlense de mis palabras después de que las haya dicho,

pero óiganme. La realidad es lo contrario: hay impíos que prosperan, y viven vidas largas y felices como la que describe Job en los versículos 7-13. Rodeados de hijos y nietos, en casas seguras, con ganados que se reproducen sin fallar, viendo a los niños bailar (RVR «saltar» en el 11 y 12) alegres al son de la música, «pasan sus días en prosperidad y en paz descienden al Seol» (13), a pesar de que abiertamente rechazan a Dios, y le dicen: «Apártate porque no queremos conocer tus caminos» (14). En la estrofa siguiente, en los versículos 17-26, sería mejor reconocer el carácter interrogativo que le da la palabra inicial del 17, *kamma*, al 17 y al 18, en vez de, como la RVR, leerla como exclamación. Así, Job continúa su argumento —habiendo ya dicho que los impíos prosperan y viven en paz—, con una serie de preguntas retóricas, algo así como: «¿Cuántas veces (*kamma*) apaga (por ejemplo, Dios) la lámpara de los impíos, y viene sobre ellos su quebranto? ¿(Cuántas veces) Dios en su ira les reparte dolores y son como la paja delante del viento, como el tamo que arrebata el torbellino?», a lo que la respuesta que queda implícita es: ¡No muchas! La primera parte del versículo 19 puede también leerse como pregunta retórica: «¿Reserva Dios para sus hijos su castigo (RVR violencia)? ¡Que le dé su merecido, para que aprenda!». En todo esto, aunque hay ciertas ambigüedades en el texto poético, la intención de Job es clara. Su propia experiencia lo ha llevado a poner en tela de juicio la ideología sapiencial, ya que sabe muy bien que los justos y piadosos pueden sufrir calamidades que esa ideología, tal como la representan sus amigos, no puede explicar más que como castigo por grandes pecados ocultos. Ahora observa que hay muchos impíos que aparentemente no sufren nada parecido a lo que él ha sufrido, a pesar de que rechazan abiertamente a Dios. En la breve parábola o *mashal* —en que compara a dos muertos (23-26): uno que muere rico y próspero, con las señales de su prosperidad en su corpulencia y buena salud, y el otro miserable, que «muere con el ánimo amargado, sin haber comido jamás con gusto»—, Job, sabiendo lo que sabe, se niega a emitir juicio —o mejor, se confiesa incapaz de juzgar con la facilidad con la que sus amigos lo han hecho en su caso. Solamente Dios sabe la verdad: desde el punto de vista humano, «ambos por igual yacerán en el polvo, cubiertos de gusanos» (26). El capítulo termina reiterando la verdad amarga, pero atestiguada dondequiera (29), «que el malo es preservado en el día de la destrucción, y que estará a salvo en el día de la ira», y que cuando muere, sin que nadie lo haya denunciado, y menos castigado por sus acciones, va a su tumba con solemnes pompas y honores.

Armado —y decepcionado— por sus experiencias, Job se vuelve a sus amigos, y rechaza todo lo que le han querido decir: «¡Cuán vano es el consuelo que me dais! Vuestras respuestas son pura falacia» (34).

La tercera disputa entre Job y sus amigos (22.1–27.23)

El tercer discurso de Elifaz (22.1-30)

Con esa declaración de Job termina la segunda tanda de discursos. La tercera, que comienza aquí con palabras de Elifaz, sufre de cierto desorden, ya que Zofar no toma parte (aunque muchos consideran que lo que hoy es el 24.18-24 más el 27.13-23 fueron originalmente el último discurso de Zofar). El discurso de Bildad (capítulo 25) tiene solamente seis versículos, y el capítulo 28 —un encomio a la Sabiduría—, parece ser material ajeno a la composición del libro de Job —quizás una inserción hecha por algún editor posterior al primer autor. Lo mismo puede decirse, y se ha dicho, de la aparición súbita de un nuevo personaje, Eliú el buzita, que tomará la palabra en el capítulo 32 para continuar hasta el final del 37, como ya veremos. En todo caso, leeremos el texto tal como está presente, sin intentar reconstruirlo ni reordenarlo demasiado, aunque señalaremos en su lugar los problemas mayores.

En su tercero y último discurso, Elifaz parece haber llegado al final de su paciencia. En los dos primeros versículos en que habla (2 y 3), parece acusar a Job de haberse engreído hasta creer que Dios lo necesita como consejero, y le pregunta, burlón: «¿Le satisface al Omnipotente que tú seas justo? ¿Le aprovecha de algo que tú hagas perfectos tus caminos?». Ni Elifaz ni Job pueden saber lo que sabe el lector: que es precisamente porque Dios, en su lejana corte celestial, se jactó de la perfección de Job (véase el 1.8), que se han desatado los acontecimientos que los han traído a este momento. Pero Elifaz no puede hacer más que acusar a Job de tener pecados ocultos, y con una pregunta sarcástica abre un ataque frontal sobre su honestidad y su integridad: «Acaso por tu piedad te castiga o entra en juicio contigo?» (4). A esto sigue una larga lista de acusaciones, para las cuales Elifaz no puede alegar ni una razón, y que en efecto contradicen lo que, en el mundo del poema, hemos llegado a saber sobre el carácter y la actuación de Job (versículos 5-11). Si Elifaz hubiese acusado a Job de lo que en estos versículos lo acusa antes de la pérdida de sus propiedades, su familia y su salud, se le hubiera tachado de calumniador, y sus acusaciones de mentiras maliciosas. Pero Job lo ha perdido todo, Job sufre horriblemente, y por lo tanto Job debe de ser culpable de los crímenes de los que Elifaz lo acusa. «Por eso estás rodeado de lazos y te turba un espanto repentino; estás en tinieblas, de modo que no ves, y te cubre un torrente de agua» (10-11). Finalmente, Elifaz trata de convencer a Job de que puede evitar el fin desastroso e inevitable que ha sido el de los malvados desde tiempo inmemorial (12-20). Lo único que tiene que hacer Job, según Elifaz, es arrepentirse y volverse a Dios, quien le devolverá su bienestar y prestigio de antes, y más (21-30).

Job le Responde a Elifaz por tercera vez (23.1–24.25)

Job protesta que, precisamente, lo que ha estado buscando es dialogar con Dios: «¡Quién me diera el saber dónde hablar a Dios! Yo iría hasta su morada, expondría mi causa delante de él... yo sabría lo que él me respondiese y entendería lo que me dijera... Allí el justo razonaría con él y yo escaparía para siempre de mi juez» (3-7). El problema es que Job no lo ha podido encontrar (8-9) en ninguna dirección terrestre. A pesar de su frustración, Job no pierde las esperanzas de que, sea lo que sea, Dios llevará a cabo su propósito en cuanto a él (13-14). Esto, confiesa, lo espanta y lo hace temblar (15-16). A pesar de su confianza en Dios —tal vez precisamente debido a su confianza— Job exclama: «me ha aterrado el Omnipotente».

En el capítulo 24.1-17, Job continúa con una variación del mismo tema, preguntándose en el versículo 1 por qué Dios no les comunica a «los que lo conocen» los «tiempos» de su actividad, de sus juicios e intervenciones en el mundo. Es un sentimiento muy semejante al que expresa el escritor de Eclesiastés 3, para quien hay «tiempos» para todo, señalados por Dios que «Todo lo hizo hermoso en su tiempo, y ha puesto eternidad en el corazón (mente) del hombre, sin que este alcance a comprender la obra hecha por Dios desde el principio hasta el fin» (Ec 3.11). Lo que tiene a Job perplejo es que los malvados hacen de las suyas en la tierra (2-11), mientras que los moribundos y los heridos de muerte claman a Dios, quien no atiende a su oración. La lista de desmanes que cometen los malvados con aparente impunidad continúa en los versículos 13-17, con un ocurrente juego de ideas en el cual Job clasifica a ciertos malhechores de acuerdo con el «tiempo» de las ofensas que cometen: el asesino (¿salteador?) por el día, cuando la gente anda por los caminos, el ladrón y el adúltero por la noche, cuando aun si son vistos, se hace difícil reconocerlos. Si, como se dijo arriba, los versículos 18-24 son parte de un discurso de Zofar, este discurso de Job probablemente termina con el reto que lanza en el versículo 25: «¿O no es esto así? ¿Quién me desmentirá ahora o reducirá a nada mis palabras?».

Las palabras atribuidas por muchos lectores modernos a Zofar, en los versículos 18-24, aunque tienen un parecido superficial a las de Job, ya que hablan de los impíos, tienen el sentido contrario. Mientras que Job está perplejo porque los malvados aparentemente no sufren castigo por sus acciones, Zofar vuelve al punto de los terribles escarmientos que sufren: «Como la sequía y el calor arrebatan las aguas de la nieve, así también el Seol a los pecadores. De ellos se olvidará el seno materno; de su dulzor gustarán los gusanos; nunca más habrá de ellos memoria: ¡Como un árbol serán talados los impíos!» (19-20). Dios los deja correr libres por un tiempo, pero al fin los abate y destruye. El discurso continúa con el mismo tema en el 27.13, como ya veremos.

El tercer discurso de Bildad (25.1-6)

Para Bildad, quien habla brevemente en estos versículos, las palabras que Job acaba de pronunciar constituyen un reto de veras, una blasfemia que, más que con argumentos y razonamiento, contesta con insultos personales. Ante Dios, cuyos ejércitos celestiales son innumerables, cuya luz alumbra a todos: «¿Cómo... se justificará el hombre? ¿Cómo será puro el que nace de mujer?» y, si ni la luna ni las estrellas son suficientemente puras o brillantes ante sus ojos, «¿cuánto menos el hombre (*'enosh*, lit., ‹mortal›), ese gusano (o larva), o ese gusano que es el hijo del hombre (*ben-'adam*, ‹ser humano›)?».

Job

Job responde a Bildad por tercera vez (26.1–27.12)

La respuesta de Job, como antes, comienza con un reproche a Bildad por la inutilidad de sus palabras, que ni lo han ayudado, ni protegido, ni siquiera dado muestra de inteligencia, según los versículos 2-4. En los versículos 5-14, Job pronuncia un himno que contiene un encomio al poder de Dios, en el que sobrepasa las palabras de Bildad en el capítulo anterior. De nuevo, el autor pone en boca de Job referencias a la mitología clásica de los pueblos semíticos, a la creación como resultado del combate en el que Dios derrota y subyuga al Caos, representado en las imágenes del Mar, de Rahab (en el versículo 12, la RVR dice «lo hiere en su arrogancia», mientras que el texto hebreo dice «hizo pedazos a Rahab»), y de la «serpiente tortuosa» (13). Además de ese mito básico, el himno menciona a los Refaim, (RVR «las sombras»), los espíritus de los muertos en el 5, y al Seol y al Abadón, ambos nombres de la morada subterránea de esos espíritus en el 6. En los versículos 7-9 el poeta alza la vista en alto, y se refiere al Zafón, palabra que llegó a significar simplemente el Norte —así lo traduce la RVR—, pero que es el nombre de la montaña remota donde se encuentra la corte de Dios. En el 9, es posible leer «la luna llena» en vez de «su trono», como lo hace la RVR, ya que los dos términos son homófonos. Los límites puestos por Dios a las aguas del mar, la demarcación de la luz y de las tinieblas, y las columnas que sostienen el cielo (10-11) son también elementos bien conocidos en la cosmología semítica que aparecen tanto aquí, como en otras partes del Antiguo Testamento. Estas cosas, no menos admirables por ser bien conocidas, dice Job que no son más que «los bordes del camino, apenas el leve susurro que oímos de él» (14). Su himno no ha sido más que un interludio, una demostración a los amigos de que Job sabe bien de lo que habla, y sabe expresarlo en poesía más poderosa que la de Bildad. En la última línea del versículo 14: «Pero el trueno de su poder, ¿quién podrá comprenderlo?», Job anuncia que no se ha apartado de su queja, a la que va a volver en los primeros doce versículos del capítulo 27 y que continuará después de las interrupciones del 27.13-23 y del capítulo 28, para terminar en el 31.40.

Job comienza, en el 27.2, con un extraño juramento, no porque jura por Dios («¡Vive Dios!»), sino por la forma en que califica a Dios, llamándolo el «que ha quitado mi derecho, el Omnipotente, que ha amargado mi alma». Job jura que no miente y que nunca mentirá, y se vuelve a los amigos para decirles que nunca les dará la razón —ya que hacerlo sería mentir— y que mantendrá su integridad «hasta la muerte» (5-6). «Yo os instruiré», promete Job a los amigos que han intentado, sin éxito, instruirle a él, «acerca del poder de Dios» (11), que ellos han visto tan bien como él, pero acerca del cual se han «hecho tan completamente vanos (*hebel tehbalu*, completamente huecos).

¿Zofar? (27.13-23)

Como ya se ha dicho, estas palabras, en la opinión de muchos eruditos hoy, son parte de el último discurso de Zofar, mismo que esos eruditos reconstruyen colocando aquí en 24.18-24 —primera parte del discurso— y terminándolo con este pasaje. Sin entrar más en el asunto de la posición original del discurso de Zofar, veamos cómo continúa. Lo primero que se hace ver es que los versículos 13-23 encajan muy bien como continuación del 24.24, donde Zofar acaba de decir que los impíos, siempre vigilados por Dios, pueden prosperar por un tiempo, pero «pronto desaparecen y son abatidos como todos los demás: encerrados son y cortados como cabezas de espiga». El 27.13 sigue, muy verosímilmente: «Esta es delante de Dios la suerte del hombre malvado, y la herencia que los violentos han de recibir del Omnipotente». Zofar continúa con una lista de elementos en la caída del malvado: la muerte violenta de sus hijos y el hambre de sus pequeños, la pérdida de sus riquezas acumuladas, que heredarán los justos, y todo de repente, como un torbellino o una tempestad. El intento de asemejar la vida de Job a estas desgracias está claro. «Dios, pues, descarga contra él sin compasión, aunque él intenta huir de sus manos. Sobre él baten muchos las manos y por todos lados le silban» (23).

Interludio: Encomio de la Sabiduría (28.1-28)

Este bello poema es una obra maestra de la poesía sapiencial. El poeta es desconocido, pues si no sabemos nada de la identidad de quien escribió el libro de Job, y menos sabremos la de quien escribió este poema, muy posiblemente se trate de una composición independiente que de alguna manera se traspapeló aquí. La idea del poema es simple y podemos resumirla en una pregunta sencilla: «¿de dónde viene la sabiduría?». Para darle respuesta, el poeta hace uso de un símil apto. Si la pregunta fuera «¿de dónde vienen los metales y las piedras preciosas?», la respuesta nos llevaría al mundo, misterioso y oscuro, de las minas y los mineros. En ese mundo «lejos de lo habitado, en lugares olvidados donde nadie pone el pie» —donde ni vuelan aves ni andan bestias— así y todo, con gran esfuerzo y riesgo los humanos traen el oro, la plata, el cobre y las piedras preciosas, «el hombre pone su mano en el pedernal y trastorna de raíz los montes… detiene los ríos en su nacimiento y saca a la luz lo escondido» (9-11). Pero si la pregunta es «¿dónde se halla la sabiduría?» (12), el resultado es muy distinto. Ni los humanos ni nadie en la tierra de los vivientes lo sabe, y es más, ni en el abismo (*tehom*, como en Gn 1.2), ni en el mar (*yam*), que en paralelo con el abismo claramente conlleva aquí un sentido mitológico, se encuentra la sabiduría. Su precio no se puede medir en los metales o las piedras preciosas ya mencionadas. Nadie sabe dónde está, ni en la tierra de los vivientes, ni en la atmósfera donde vuelan las aves. Y en el mundo subterráneo del Abadón y de la muerte dicen «la hemos oído mentar», pero tampoco hay respuesta (20-22). Dios es el único que conoce el origen de la sabiduría, Dios que con ella pesó el viento, midió las aguas, le dio leyes a la lluvia y caminos al trueno y el relámpago (véase Pr 8.22-31). Dios, que «la preparó y también la escudriñó» (27), tiene la respuesta, o al menos , lo que tiene que saber el humano sobre el asunto: «El temor del Señor es la sabiduría, y el apartarse del mal, la inteligencia» (28).

Job reanuda su argumento. 29.1–31.40

«Volvió Job a reanudar su discurso» (29.1) y en tres apasionados capítulos a terminarlo: primero en el 29, evocando la felicidad pasada; en el 30, lamentando amargamente su pérdida, y finalmente, en el 31, jurando su inocencia y declarando su integridad.

El pasado dichoso (29.1-27)
En el capítulo 29, la voz de Job se torna lírica, añorando su pasado feliz y su relación con Dios, causa y parte de su felicidad. Con el favor

de Dios guiándolo y protegiéndolo desde su juventud, Job, rodeado de hijos, prosperó («yo lavaba mis pies con leche, y la piedra me derramaba ríos de aceite» (6), y gozó del respeto de sus semejantes. Cuando salía a la puerta de la ciudad a juzgar los asuntos de sus vecinos, jóvenes, ancianos, príncipes y nobles por igual le mostraban deferencia y atención, porque sus juicios eran justos y defendían al pobre, al huérfano y a la viuda: «Iba yo vestido de justicia, cubierto con ella; como manto y diadema era mi rectitud. Yo era ojos para el ciego, pies para el cojo y padre para los necesitados» (14-16). En el versículo 18 es posible leer, en vez de «como arena (*jol*) multiplicaré mis días», «como el fénix», ya que en hebreo el nombre del ave fabulosa que podía renovar su existencia es también *jol* o *jul* y, aunque este uso en Job sería el único en el Antiguo Testamento, sí se encuentra en otra literatura posbíblica. En todo caso, encajaría mejor con la primera parte del versículo, en la cual Job, satisfecho de su existencia, dice «en mi nido moriré». Sus vecinos esperaban su consejo, «me esperaban como a la lluvia», dice en el 23; y así, respetado por todos, Job vivía como un jefe, como un rey en medio de su ejército, como uno que puede consolar a los que están de luto.

El presente amargo (30.1-31)

En el capítulo 30, todo eso cambia drásticamente. Ahora, dice Job, «se ríen de mí los más jóvenes que yo», y nos deja ver un destello de orgullo agraviado cuando los identifica diciendo que a los padres de ellos «yo desdeñaba poner junto a los perros de mi ganado» (1). Tal vez lo que sigue en los versículos 2-8 se explica si pensamos que los peores detractores de Job son quienes fueron sus empleados y sus familias, que en alguna manera dependían de él, y que han sufrido miseria y necesidad a causa de su caída repentina. En todo caso, Job se ve perseguido y vejado por este populacho, lo que lo lleva a decir que «terrores se han vuelto contra mí; como viento es arrasado mi honor, y mi prosperidad ha pasado como una nube» (15). Por primera vez, en el versículo 19, aparece la frase que va a ser un elemento característico de la declaración que Job hará ante el Señor, en el 42.6: «polvo y cenizas». Y aquí en el 30.19 Job no deja duda de quién lo ha reducido a esa condición: «Dios me ha derribado en el lodo y ahora soy semejante al polvo y a la ceniza». Desesperado, se queja directamente ante Dios en los versículos 20-23 «...no me escuchas... no me atiendes... te has vuelto cruel conmigo... me persigues... me has alzado sobre el viento... destruyes mi sustancia... me conduces a la muerte...» y termina el capítulo (versículos 24-31) con una serie de imágenes que pintan su aflicción en los más sombríos matices. La última de estas imágenes, por su simple modo de expresión, es tal vez la más poderosa: «Mi arpa se ha cambiado por luto, y mi flauta por voz de lamentadores». En vez de los sonidos festivos del arpa y la flauta, característicos de los festines, ahora oye Job solamente el llanto de duelo, y los alaridos de las plañideras profesionales, que anunciaban los funerales.

Job proclama su integridad (31.1-40)

El capítulo 31 trae a la mente las «confesiones negativas», o listas de pecados no cometidos, que se encuentran en textos egipcios relacionados con las prácticas fúnebres. Job, por medio de una serie de preguntas retóricas, niega haber cometido una larga serie de pecados determinados. La escena es un juicio, y las aseveraciones que hace Job tienen la forma de juramentos de un tipo común en el antiguo oriente y en Israel: «Si yo he hecho A, que me pase B», o la forma relacionada, «que Dios me haga B, si yo hago (o no hago) A». Por lo común, los escritores del Antiguo Testamento prefieren no escribir la maldición condicional (la parte B), con resultados como los de 1 Samuel 14.44 o 1 Reyes 20.10, donde la RVR interpreta el hebreo «así me haga» como «traiga(n) Dios/los dioses sobre mí el peor de los castigos». En este capítulo, sin embargo, encontramos cuatro veces las maldiciones condicionales explícitas (versículos 8, 10, 22 y 40) que corresponden a los juramentos que pronuncia Job. En primer lugar, Job se declara inocente de haber mirado a una virgen (¿con lascivia?), pues hizo un pacto con sus ojos, pero sobre todo, porque Dios lo ve a él: «¿Acaso él no ve mis caminos y cuenta todos mis pasos?» (4). Niega también haber andado en tratos deshonestos, de los que impele la codicia y que dejan las manos sucias (7). Que son tratos basados en el comercio de productos agrícolas, lo indican las imágenes de Dios pesándolo en una balanza justa (RVR «la balanza de la justicia», 7) y el contenido de la maldición condicional: «¡Siembre yo y otro coma! ¡Sea arrancada mi siembra!» (8). En la sección siguiente, versículos 9-12, Job se exonera

Job, Proverbios, Eclesiastés y Cantar de los Cantares

de haber cometido adulterio con la mujer de su prójimo (9), jurando que si lo ha hecho, tenga su mujer relaciones sexuales con otro (eso es lo que significan las dos imágenes paralelas del 10), y denunciando el adulterio («eso») como «maldad e iniquidad que han de castigar los jueces» (11), es decir, pecado y crimen, y «un fuego que devoraría hasta el Abadón y consumiría toda mi hacienda»(12). En las dos estrofas que siguen, 13-15 y 16-23, Job se confiesa inocente de haber cometido ofensas de abuso de poder contra sus esclavos, o de haber hecho caso omiso de las necesidades de los pobres, los huérfanos y las viudas. Al primer grupo, le ha concedido el derecho de pleitear contra él como iguales («el que en el vientre me hizo a mí, ¿no lo hizo a él?» versículo 15) para corregir cualquier abuso. A los del segundo grupo, les ha brindado protección, alimento y vestido, usando sus propios recursos. Y si estas cosas ha negado injustamente, «¡que mi espalda se caiga de mi hombro y se quiebre el hueso de mi brazo!» (22). En sucesivas estrofas, Job se exonera de haber sido codicioso, y a pesar de sus riquezas, de haber puesto el oro en el lugar que solamente Dios merece (24-28); de alegrarse de la desgracia de su enemigo (29-30); de no alojar al caminante forastero que llegaba a su puerta buscando amparo (31-32); y de esconder sus propias transgresiones por temor de ser menospreciado por el pueblo (33-34). Los versículos que hoy terminan el poema (38-40) parecen estar traspuestos y pertenecer a la lista de confesiones negativas (Alonso Schökel los pone entre los versículos 23 y 24): si he abusado de mis aparceros de tal manera que «mi tierra clama contra mí y lloran todos sus surcos, si he comido su sustancia sin pagar» (lo justo a los que la cultivan), «¡que en lugar de trigo me nazcan abrojos, y espinos en lugar de cebada!».

La última estrofa entonces son los versículos 35-37, en los que Job termina la exposición de su caso: «¡Quién me diera ser escuchado!...». Aquí la traducción que hace la RVR necesita revisión. El texto hebreo dice: *hen-tawi*, «aquí está mi firma (lit., ‹marca›), ¡que me responda (*ya'aneni*, yusivo) el Omnipotente! ¡Que mi adversario escriba (su) declaración (*sefer*, ‹libro› o ‹documento›)! ¡Me la cargaría al hombro, me la pondría por corona!». Job ha dicho todo lo que tenía que decir, ha firmado su declaración. Ahora, tal vez sin esperanza de recibir respuesta, le pide a Dios que haga lo mismo. En el versículo 36, su tono puede ser un poco sarcástico, lo que explica la imagen cómica de Job cargando un rollo enorme al hombro, o poniéndoselo en la cabeza como una corona, pero no se puede dudar la seriedad de su reto final, su desafío en defensa de su inocencia y de su integridad: «Yo le daría cuenta de todos mis pasos; como un príncipe me presentaría delante de él» (37). La nota de un editor termina el capítulo, después del versículo 40: «Aquí terminan las palabras de Job».

La intervención de Eliú (32.1-37.24)

Entra Eliú (32.1-5)

Estos capítulos parecen ser una adición por mano de un autor posterior, que tal vez quiso arreglar lo que consideró errores en el libro. Después de todo, el parrafito en prosa que introduce a Eliú (32.1-5) nos dice que este personaje, que no aparece ni antes ni después de su discurso y que confiesa ser de otra generación más joven que la de Job y sus amigos, comparece porque las palabras de los cuatro ancianos lo han puesto en cólera. Cólera contra Job, porque «él se hacía justo a sí mismo más que a Dios» (2), y asimismo cólera contra los tres amigos «porque aunque habían condenado a Job, no sabían responderle» (3). La opinión general entre los comentaristas es que Eliú, o mejor, el autor que lo creó, tampoco supo hacerlo.

Eliú se dirige a los amigos de Job (32.6-22)

Si Eliú dice algo nuevo en su discurso, es lo primero que declara al tomar la palabra (32.6-10): «Yo soy joven y vosotros ancianos… Pero no son más sabios los que tienen mucha edad, ni los ancianos los que entienden el derecho» (6, 9). Es decir, que Eliú proclama que los jóvenes, las generaciones subsiguientes a la de Job, tienen el derecho —y para Eliú el deber— de tomar la palabra en esta importante discusión. En el resto del capítulo, usa ese derecho para criticar la respuesta que los tres amigos le han dado a Job, empezando con el hecho de que, cuando Job terminó sus palabras al fin del capítulo anterior, no hubo respuesta por parte de los amigos (esto es lo que implican los versículos 15 y 16). Si, como ya se ha dicho, el discurso de Eliú es una interpolación posterior a la edición original del libro de Job, en la forma original del libro la respuesta del Señor (capítulos 38 a 41) debe de haber seguido inmediatamente después del fin de las palabras de Job en el 31.40, lo que le hubiera dado un impacto dramático mayor a la obra. Eliú proclama su impaciencia: «estoy repleto de palabras y por dentro me apremia el espíritu» (18) dice, y que su mente («corazón») está a punto de estallar, como vino nuevo puesto a fermentar en un odre nuevo sin respiradero. Promete también que en lo que va a decir no hará distinción de personas, ni usará lisonjas, «porque no sé decir lisonjas, y si lo hiciera, pronto mi Hacedor me consumiría» (22).

Eliú reprende a Job (33.1-33)

En lo que sigue, Eliú se dirige mayormente a Job, habiendo ya hablado a los amigos brevemente al principio de su perorata y dirigiéndoles breves palabras en el 34.1-15. Sin embargo, no debemos perder de vista que su intención declarada no es solamente censurar a Job, sino reprender a los amigos por no haber sabido echar abajo su caso contra Dios. La intención del autor de las palabras de Eliú no es solamente derrotar a Job, sino que estas sirvan implícitamente para demostrar cómo fallaron los amigos al intentar responder a su osadía. No lo impulsa tanto el dolor de ver un amigo caído en desgracia y consolarlo (véase el 2.11-13) —aunque tal intento de intervención haya llevado a los amigos a acusar a Job de haberse buscado el castigo divino con pecados ocultos—, sino un deseo de entrar en polémica para restaurar el honor de Dios, que Job ha puesto en duda y que sus amigos no han sabido rescatar.

En el capítulo 33, pues, Eliú se encara con Job y lo reta a defender su caso —«respóndeme, si puedes; ordena tus palabras, ponte en pie» (3.33)— insistiendo en que, por un lado, «el espíritu de Dios me hizo y el soplo del Omnipotente me dio vida» (4), y por el otro, «heme aquí a mí, en presencia de Dios, lo mismo que tú: del barro fui yo también formado» (6). Lo que ha encolerizado a Eliú es que Job se ha proclamado inocente de toda maldad (9), mientras que acusa a Dios de buscar excusas para perseguirlo, «y me tiene por su enemigo» (10). Lo primero que alega Eliú contra Job es que ha acusado a Dios de no responder a sus quejas. El versículo 13, en la RVR, dice «¿por qué contiendes contra él, si él no da cuenta de ninguna de sus razones?», y sin tener que hacer ningún cambio el texto hebreo puede leerse «… que él no da cuenta (responde) de sus asuntos (cosas, palabras)».

Eliú no está diciéndole a Job, como lo hace parecer la traducción de la RVR, que Dios es tan superior al humano que no tiene que dar «cuenta de ninguna de sus razones», sino acusándolo de no responder por sus acciones. Así se explica que Eliú pasa seguidamente a aseverar que Dios habla «de una u otra manera» (lit., «en una y en dos maneras»), pero que los seres humanos no lo perciben (o, como la RVR, «el hombre no lo entiende»; 14). Lo que Eliú tiene en mente, en primer lugar, es un tipo de comunicación al que ya aludió Elifaz (véase el 4.12-17, pasaje al que parece referirse Eliú), es decir, las visiones nocturnas y los sueños (15-18). Otra forma que toma la comunicación divina, dice Eliú, es el «dolor en sus huesos», la enfermedad que pone al hombre en cama (19-22) y lo deja hecho un esqueleto. Para Eliú estas comunicaciones son advertencias de que el hombre —por sus iniquidades— está en peligro de muerte, como lo indican los dos versículos paralelos, 18 y 22, con los que terminan las dos estrofas (véase también el 30). En la estrofa siguiente (23-30), Eliú habla de un tercer medio de comunicación, en este caso un ángel mediador (en hebreo *mal'ak melits*, RVR «algún elocuente mediador») que arguya su caso, intercediendo ante Dios. Entonces recobrará la salud y podrá confesar su pecado y será redimido para que no pase al sepulcro, y su vida continuará en la luz. Así, dice Eliú, Dios hace dos y tres veces con el ser humano, «para apartar su alma del sepulcro y para iluminarlo con la luz de los vivientes» (30). Eliú termina este capítulo amonestando a Job a que calle, y le deje a él hablar: «si tienes razones, respóndeme... y si no, escúchame tú a mí; calla, y te enseñaré sabiduría» (31-33).

Eliú acusa a Job ante sus amigos (34.1-37)

El capítulo 34 comienza con un aparte (versículos 2-15) en el que Eliú se dirige a los amigos, llamándolos «sabios» (*jakamim*) y «doctos» (*yode'im*), antes de continuar apostrofando a Job en el versículo 16. A los sabios, como un fiscal dirigiéndose a un jurado, les habla de la culpabilidad de Job. En el versículo 5, lo acusa de acusar a Dios, de haber dicho «yo soy justo, pero Dios me ha quitado mi derecho»; y en el 9, de negarse a rendirse ante Dios, diciendo «de nada le sirve al hombre conformar su voluntad a Dios». Para Eliú, con eso queda decidido el caso, con un veredicto de impiedad e iniquidad contra Job (10), y la certeza de un castigo por mano de Dios (11), quien «no hará injusticia» ni «pervertirá el derecho». Dios es, después de todo, la fuente y origen del orden y de la justicia, y quien sostiene la vida humana misma: si Dios «retirara su espíritu y su aliento, todo ser humano perecería a un tiempo y el hombre volvería al polvo» (15).

Eliú se torna a Job en el versículo 16, y continúa sus amonestaciones en el mismo tono: ¿cómo te atreves? En esta estrofa (16-30) elabora la primera parte de su acusación, es decir, que Job ha osado acusar a Dios: «¿Condenarás tú al que es tan justo?». En el versículo 18, es mejor leer «al que le dice ‹Perverso› (*beliyya'al*) al rey, o ‹impíos› a los príncipes», es decir, a Dios, que es el único que tiene esa autoridad, como creador de todos. En la estrofa siguiente (31-37), con la que concluye el capítulo, Eliú da voz a la segunda parte, y acusa a Job de no arrepentirse, y de apropiarse del derecho a decidir que ya ha recibido suficiente castigo, y a exigir que Dios le informe de lo que ha hecho, y «si hice mal, ya no lo haré más» (32). Para Eliú, eso indica que Job sigue siendo un rebelde contra Dios, que tiene que arrepentirse y aceptar la autoridad absoluta de Dios. Eliú adopta la actitud de los inquisidores de siempre, que más que información sobre las acciones o las creencias de un reo, exigen que se rinda y someta sin condiciones ni reserva a una autoridad suprema. Queriendo aislar a Job, dirige un nuevo aparte a los «inteligentes» y a «todo hombre sabio que me oiga» (34): «¡Yo deseo que Job sea ampliamente examinado, a causa de sus respuestas semejantes a las de los hombres inicuos! Porque a su pecado ha añadido rebeldía, y bate palmas contra (es decir, se burla de) nosotros, y contra Dios multiplica sus palabras» (36-37). Es precisamente la integridad personal que Job ha estado luchando por conservar lo que Eliú quiere echar abajo.

Eliú reanuda su acusación contra Job (35.1–37.24)

En el capítulo 35, Eliú vuelve al ataque, y de nuevo le imputa a Job haber dicho que es más justo que Dios, pero esta vez para declararle que, dada la gran diferencia que existe entre Dios y el humano, «si pecas, ¿qué habrás logrado contra él?... Y si eres justo, ¿qué le darás a él?» (6-7). Es decir, que ni la iniquidad de Job, ni su justicia, tienen impacto sobre Dios, pero sí lo tienen sobre otros seres humanos (8). Dios no oye a Job porque la queja de Job, según Eliú, cae dentro de «lo que es vanidad», a lo que el Omnipotente no hace caso, y «¿cuánto menos, pues, cuando dices que no haces caso de él?» (13-14). Y por el momento, porque Dios no lo ha castigado en su ira —por su protesta—, es decir, porque Dios no le ha hecho caso, «abre Job su boca en vano y multiplica palabras sin sabiduría» 16).

Los dos capítulos finales del largo discurso de Eliú, 36 y 37, abordan, según él, más «razones en defensa de Dios» (36.1), aunque en verdad son variaciones y elaboraciones de lo que hasta aquí ha dicho. Como siempre, Eliú se da cierta importancia al principio de su alegato: «Traeré mi saber desde lejos para atribuir justicia a mi Hacedor. Porque de cierto no son mentira mis palabras» (3-4). Eliú entonces pinta un cuadro bastante convencional de la grandeza y de la misericordia de Dios, al hacer aseveraciones, pero ni siquiera intenta justificarlas con pruebas. A veces hasta se contradice, como se ve, por ejemplo, si se compara el 35.12-14 (Dios no escucha a Job) con el 36.5-12, donde presenta a Dios, que es grande «pero no desestima a nadie» (5), y que aun si los justos se encontraran encadenados y aprisionados, «les daría a conocer las obras que hicieron y cómo prevalecieron sus rebeliones» (9). ¿Y no es esa precisamente la situación de Job, aun sin tomar en cuenta la información que el prólogo del libro le ha dado al lector sobre la causa de su calamidad? Pero Eliú no termina con eso, sino que vuelve, en el resto del capítulo, a aconsejar a Job, recordándole que los que «escuchan y le sirven (es decir, a Dios), acabarán sus días con bienestar y sus años con dicha» (11), pero que la alternativa es la destrucción: «pero si no escuchan, serán pasados a espada y perecerán en su falta de sabiduría» (12). En el versículo 13 Eliú advierte que los «hipócritas de corazón (o tal vez ‹los de mente pecaminosa›) atesoran para sí la ira» y en el 14 —un versículo cuyo significado no queda muy claro— parece decir que morirán jóvenes, y que su vida termina «entre los sodomitas», según dice dice la RVR, intentando traducir el hebreo, que dice *baqqedoshim*. Los *qedoshim* parecen haber sido hieródulos, o prostitutos sacros que en algunos tiempos ejercieron sus funciones tanto en Israel como en otros países vecinos.

Eliú, en el versículo 24, le aconseja a Job que se acuerde de enaltecer la obra de Dios, y así introduce el tema que va a continuar hasta el fin de su discurso al final del capítulo 37: la majestad de Dios tal como se revela en la naturaleza. Con ese tema, el autor de los discursos de Eliú aparentemente quiso construir un puente para la manifestación del Señor en el capítulo 38 y siguientes. Allí el tema central es la interrogación de Job sobre los secretos del mundo natural, sobre los cuales el humano no puede responder sin demostrar su ignorancia. En el capítulo 36.27-33, Eliú habla de la obra de Dios al formar las nubes, atrayendo el agua y transformando el vapor en lluvia, al tronar desde su morada, y al crear las tormentas, por medio de las cuales, si «castiga a los pueblos, también los sustenta con abundancia» (31). Eliú habla de la dimensión física o natural de estos fenómenos, pero no la separa de la dimensión simbólica o moral: «con el trueno declara su indignación y la tempestad proclama su ira contra la iniquidad» (33).

Los primeros versículos del capítulo 37 (1-5) siguen el mismo tema, hablando del trueno como la «voz majestosa de Dios» (4), por medio de la cual hace y ordena otros fenómenos meteorológicos: la nieve, la llovizna, los aguaceros, el torbellino y los hielos, «grandes cosas, que nosotros no entendemos» (5), y que afectan la vida de los seres humanos y de los animales. Los versículos 12 y 13 hablan de las nubes girando sobre la tierra, «para hacer sobre la faz del mundo, en la tierra, lo que él les mande… unas veces por castigo, otras a causa de la tierra (hebr., ‹su tierra›) y otras por misericordia (*jesed*)» (13). Los versículos 14-20 son una interrogación directa de Job, que presagia las listas más largas de preguntas sin respuesta posible a las que el Señor va a someterlo. Eliú apremia a Job en los versículos 19 y 20, y cierra su discurso con una lúcida comparación en los versículos 21-24: el ser humano «no… puede mirar a la luz resplandeciente de los cielos [cuando] pasa el viento y los limpia», cuanto menos podrá sostener la mirada cuando llega del norte (*Tsafon*) «la dorada claridad: ¡la terrible majestad que hay en Dios!» (22). Los hombres, dice finalmente Eliú, temen a Dios, pero «él no estima a ninguno que en su propio corazón (o en su propia mente) se cree sabio» (24). Está bien claro a quién se refiere Eliú, y así termina y desaparece del poema este cuarto interlocutor de Job.

Job

La irrupción del Señor en el caso contra Job (38.1-42.6)

La voz desde el torbellino (38.1–40.2)

El versículo 1 del capítulo 38 marca el momento culminante de la acción del poema: lo que Job ha estado pidiendo desde el principio sucede repentinamente, sin más preparación que las alusiones que como se ha sugerido pueden estar presentes en el discurso de Eliú. «Entonces respondió Jehová a Job desde un (mejor, ‹el›) torbellino» (38.1). Por fin el Señor comparece en la corte, tal como lo ha demandado Job. Sus primeras palabras, sin embargo, no auguran bien para el proyecto de Job. El Señor no viene a responder preguntas, sino a batallar, y comienza sus palabras retando a Job: «¿Quién es ese que oscurece el consejo con palabras sin sabiduría? Ahora cíñete la cintura (es decir, prepárate a pelear) como un hombre: yo te preguntaré y tú me contestarás» (2-3). Así el Señor pone en duda la capacidad de Job para interrogarle, y al mismo tiempo lo acorrala, pues las preguntas que le hace a Job no tienen respuesta desde el punto de vista humano. La serie de preguntas que forman la alocución del Señor a Job en estos capítulos constituyen uno de los más bellos pasajes poéticos del libro. No hay duda que tienen base en las observaciones de lo que hoy llamaríamos la meteorología y la historia natural que eran parte del currículo sapiencial, pero el poeta toma esas observaciones para hacer resaltar los límites del conocimiento: el Señor siempre le preguntará a Job lo que ningún ser humano sabe (o sabía en el tiempo del autor). También algunas de las preguntas se refieren a seres legendarios, como el Behemot y el Leviatán y, como veremos inmediatamente, a la cosmología tradicional del antiguo oriente. Hermosas palabras e imágenes elegantes y poderosas, sí, pero estas series de preguntas son polémicas, y no didácticas, y tienen como fin derrotar al adversario, demostrar su ignorancia, más que informar o iluminar, o mucho menos responder a sus quejas. No buscan abrir una conversación, sino impedir que tenga lugar.

La primera pregunta es la peor de todas: «¿Dónde estabas tú cuando yo fundaba la tierra?» (4). Lógicamente, no hay respuesta posible. Antes del mundo, antes del género humano, ¿dónde estabas tú? Y seguidamente, con un tono claramente sarcástico, «¡Házmelo saber, si tienes inteligencia! ¿Quién dispuso sus medidas, si es que tú sabes?» (4-5). En rápida sucesión, el Señor le pregunta a Job si sabe de la cuerda con la que midió la tierra, los cimientos de sus bases, o quién puso su piedra angular. Y entonces, pone en relieve la mudez de Job con las luminosas palabras del versículo 7: «cuando alababan juntas todas las estrellas del alba y se regocijaban todos los hijos de Dios». En los versículos 8-11 el poeta hace referencia de nuevo a la idea de la creación por combate y victoria sobre el mar, al que el Señor le impone límites, y en los 12-15 le pregunta a Job si alguna vez le ha dado órdenes al alba, que con su llegada diaria ahuyenta a los malhechores de la tierra.

Las fuentes del mar, el abismo (*tehom*), las puertas de la muerte y las puertas de la sombra de muerte (16-17) son tan remotas y desconocidas que frecuentemente sirven como metáforas para indicar precisamente eso —¿las has visto?— y la extensión de la tierra, que en el tiempo del poeta autor de Job era tan desconocida como lo demás: «¡Declara si sabes todo esto!» (18).

Los versículos 19-38 (con la breve interrupción de los versículos 31-33, que tienen que ver con las constelaciones) tienen por tema una serie de fenómenos meteorológicos que, sin ser tan remotos como los que les preceden, son sin embargo misteriosos, sobre todo si las preguntas en los versículos 19-30 se replantean en la forma «¿de dónde o por dónde viene…?». Así el Señor interroga a Job, sabiendo que no puede responder: ¿De dónde vienen la luz y las tinieblas? (19-20); ¿y la nieve, y el granizo? (22-23); ¿por dónde viene la luz, y el viento del este? (24); ¿por dónde vienen la tempestad, el trueno y el relámpago? (25-27); ¿de dónde vienen la lluvia, el rocío, el hielo y la escarcha? (28-30).

La observación de los astros —la astronomía y la astrología no se separaron sino después— era una ciencia conocida desde la remota antigüedad en el oriente medio, y tres de las constelaciones que todavía reconocemos —las Pléyades, Orión y la Osa Mayor— aparecen entre la serie de preguntas, pero la pregunta tiene que ver con algo más profundo que la observación de esas configuraciones de estrellas: «¿haces salir a su tiempo las constelaciones de los cielos? ¿Conoces las leyes de los cielos? ¿Dispones tú su dominio en la tierra?» (32-33). Esta última pregunta parece tener un interés más bien astrológico que astronómico. Finalmente, del 34 al 38, las preguntas vuelven al tema de la lluvia y las nubes, pero esta vez toman un cariz utilitario, ya que el Señor parece estar preguntándole a Job si puede hacer llover, o lanzar relámpagos, algo parecido a los hechos de Elías en 1 Reyes 18.

La lista cambia en el 38.39, y hasta el 39.30 va a tener por sujeto el reino animal. En el 38.39-41, se trata de alimentar las crías de animales rapaces, sea el león o el cuervo: ¿puedes hacerlo? En el 39.1-4, ¿cuándo paren las cabras monteses, o las ciervas? Y con interrogantes de índole similar desfilan el asno montés, el búfalo (o toro salvaje, con Alonso Schökel), el avestruz, la cigüeña (mejor que el «pavo real» de la RVR), el caballo de guerra, el gavilán y el águila en los versículos 5-30. Algunos de los trozos individuales, sobre todo los versículos dedicados al caballo de guerra (19-25), demuestran un don poético de primera categoría.

Habiendo intimidado a Job con tantas preguntas a las que este no puede responder, el Señor termina la primera parte de su interrogación retándolo de nuevo: «¿Es sabiduría contender con el Omnipotente? ¡Responda a esto el que disputa con Dios!» (40.1).

Job intenta responder (40.3-5)

Job no quiere entrar en una contienda que ya sabe perdida, y trata de rendirse, o por lo menos, de abandonar el campo de batalla: «Yo soy vil (mejor, ‹insignificante›), ¿qué te responderé? ¡Me tapo la boca con la mano!» (4).

La voz desde el torbellino continúa su ataque (40.6-14)

Pero el Señor no se lo permite, y vuelve a la carga, repitiendo en el 40.6-7 el reto con el que comenzó en el 38.3. Altivo y enojado, en los versículos 8-14 el Señor trata a Job como lo haría un soberano a un vasallo que le ha faltado al respeto. Si a los versículos 10-13 les añadimos al leerlos la frase «como yo», nos formamos una idea más cara de lo que está haciendo el Señor, al mismo tiempo que le dice a Job que no es nadie para compararse con él.

Behemot y Leviatán (40.15–41.34)

La última descarga que le dirige el Señor a Job consiste en dos de los poemas más famosos del libro. Son descripciones —por supuesto cargadas de preguntas polémicas dirigidas a Job— de dos bestias legendarias: el Behemot (40.15-24) y el Leviatán (41.1-34). Aunque está claro que las imágenes poéticas de ambos se basan en parte en animales conocidos por el poeta —el hipopótamo para el Behemot y el cocodrilo para el Leviatán— está claro también que tienen profundas raíces en la mitología del antiguo oriente.

Behemot es una forma que HALOT (*The Hebrew and Aramain Lexicon of the Old Testament*, véase la Bibliografía) llama «plural de extensión» del substantivo *behemah*, palabra muy común que significa «bestia, animal grande». Así que Behemot significa algo así como «bestia poderosa». A pesar de ser herbívoros, los hipopótamos son animales peligrosos y agresivos y, con su tamaño y fuerza, muy temidos por los egipcios, que los asociaban con el maligno dios Set. «¿Quién podrá atraparlo mientras él vigila? ¿Quién le perforará la nariz?» (24). Leviatán, en Isaías 27.1, lleva los nombres de «Leviatán, la serpiente veloz» y «Leviatán, la serpiente tortuosa», y posiblemente también sea «el dragón (*tanin*) que está en el mar» del mismo versículo. En el Salmo 74.14, parece tener varias cabezas. En el capítulo 41 de Job —aunque como se ha dicho esta figura está basada en el cocodrilo—, los versículos 18-21 lo describen en forma de dragón mitológico, echando llamas por la boca y humo por las narices. Los versículos 1-7 son una serie de preguntas retóricas que por supuesto Job no puede contestar afirmativamente, sobre si puede pescarlo, domarlo, y jugar con él, o venderlo. Ningún arma puede herirlo, «no hay en la tierra quien se le asemeje; es un animal hecho exento de temor. Menosprecia toda arrogancia y es rey sobre toda otra fiera» (33-34). Y con esto, termina el discurso del Señor a Job.

¿Se rinde Job? (42.1-6)

Job tiene la última palabra en la parte poética del libro. Lo que dice, aunque bien conocido, permanece oscuro y ambiguo, porque el poeta no nos hace saber el pensamiento y el sentimiento detrás de las palabras de Job. Además hay dos lugares en su breve respuesta en los que Job cita las palabras del Señor (versículos 3a y 4), lo que complica la tarea del intérprete: ¿tienen un tono irónico? ¿O expresan el arrepentimiento de Job de haberse atrevido a retar a Dios? Lo que queda, en los versículos 5 y 6, es profundamente ambiguo: «De oídas te conocía, más ahora mis ojos te ven. Por eso me aborrezco y me arrepiento en polvo y ceniza». ¿Se rinde por fin Job? ¿Y qué se ha hecho su integridad? Quien lee este poema con cuidado se convence de la gran maestría de expresión que tuvo su autor. Si el poema deja esta nota irreducible de ambigüedad, tiene que ser porque así se sintió el autor, y porque el problema que quiso plantear con su obra, es decir, la falta de correspondencia entre conducta y bienestar, no tiene solución, al menos en un sistema en el cual todos los seres humanos terminan en el Seol, y las recompensas, si les vienen, son en esta vida.

El epílogo (42.7-16)

El Señor reprende a los amigos de Job (42.7-9)

El libro termina con un breve pasaje en prosa, que sirve de epílogo. En los versículos 7-9, el Señor se dirige a los tres amigos y, sorprendentemente, los reprende «porque no habéis hablado de mí lo recto, como mi siervo Job». Como remedio, les requiere un holocausto (sacrificio expiatorio) de siete becerros y siete carneros, y que Job ore por ellos para que Dios los perdone por su afrenta, lo que hacen, «y Jehová aceptó la oración de Job» (9). ¿Es acaso este pasaje, donde Dios dice dos veces (7 y 8) que su siervo Job ha hablado de él con rectitud, una admisión de que Job tenía razón?

Nueva familia y fortuna (42.10-16)

En todo caso, el Señor le devuelve a Job el doble de su fortuna anterior, su familia y amigos lo aceptan de nuevo y lo consuelan con regalos preciosos, y Job tiene hasta siete nuevos hijos, y tres hijas, para reemplazar a los que había perdido. Después de la seriedad del poema con su profunda discusión, es casi un alivio volver al ámbito del relato popular, en el que las hermosas nuevas hijas de Job se llaman Jemima («Paloma»), Cesia (Casia, Flor de Canela) y Keren-hapuc (Tarro de Cosméticos), y donde Job va a vivir —¡después de todo esto!— ciento cuarenta años más y ver «a sus hijos y a los hijos de sus hijos, hasta la cuarta generación».

Capítulo 2
Proverbios

Estructura del Libro de Proverbios

Proverbios es una antología, o mejor, un conjunto de colecciones de literatura sapiencial, compuesta de seis partes claramente distinguidas, siendo una de ellas —la sexta y última— una colección de cuatro elementos. Con la excepción de la sexta parte, y de dos de sus componentes, los elementos llevan sendos títulos —aunque las traducciones a veces no los han reconocido como tales—, lo que corrobora el juicio de que el libro es una colección de colecciones o antología de antologías. Las partes (me baso en la lista de la obra de Fox, *Proverbs 10-31* [véase la Bibliografía], pero todos los comentaristas están mas o menos de acuerdo en esto) son las siguientes:

I	1.1—9.18	«Los proverbios de Salomón hijo de David, rey de Israel» (1.1)
II	10.1—22.16	«Los proverbios de Salomón» (10.1)
III	22.17—24.22	«Las palabras de los sabios» (22.17)
IV	24.23-34	«Dichos de los sabios» (24.23)

V	25.1—29.27	«También estos son proverbios de Salomón, los cuales copiaron los varones de Ezequías, rey de Judá» (25.1)
VI	30.1—31.31	*Apéndices*
VIa	30.1-14	«Palabras de Agur, hijo de Jaqué» (30.1)
VIb	30.15-33	*Epigramas numéricos*
VIc	31.1-9	«Palabras del rey Lemuel, la profecía con la que le enseñó su madre» (31.1)
VId	31.10-31	*La mujer virtuosa*

En las partes segunda a quinta (10.1–29.27) se encuentran los proverbios (*meshalim*) de forma y contenido clásicos, mientras que la primera (1.1–9.28) es una introducción o prólogo en forma de «instrucciones», es decir, de consejos morales o lecciones sobre la sabiduría dictadas por un padre a su hijo, y la sexta (30.1–31.31) es una colección miscelánea de elementos diversos.

Dado el contenido variado de Proverbios, es difícil identificar el orden en que las colecciones fueron compuestas, aunque los capítulos 1 a 9 bien sirven de prólogo, lo que puede verse como indicio de que esta haya sido la última parte añadida por el editor final. Asimismo, aunque parece que el libro alcanzó su forma actual en el período posexílico tardío, es cierto que contiene elementos mucho mas antiguos, y no es posible decir con precisión cuándo se compuso cada una de sus partes.

I. Prólogo del Libro de Proverbios: Capítulos 1–9 (Los proverbios de Salomón hijo de David, rey de Israel)

1.1-7. Los primeros siete versículos del libro presentan el título (1.1) y el propósito de la obra (1.2-7). Salomón, como ya vemos sobre todo en 1R 3.3 a 4.34, se había convertido en la figura característica de la sabiduría, y así como los Salmos son «de David», la literatura sapiencial es «de Salomón» para los editores posexílicos, sin que en ninguno de los dos casos sea probable que toda la obra reunida bajo el nombre de uno u otro rey venga de su pluma o de su mano. La atribución de proverbios a Salomón, además de ser aquí el título de la obra completa, aparece también en 10.1 y 25.1, aunque en este último caso con la adición de «los cuales copiaron los varones de Ezequías, rey de Judá». Otros a los que los editores de Proverbios les atribuyeron partes del libro, como ya se vio en la lista de secciones incluida arriba, son «los sabios» (22.17 y 24.23), «Agur, hijo de Jaqué» (30.1) y «el rey Lemuel», o mejor, a su madre (31.1).

En los versículos 2 a 6 el editor resume los propósitos de la colección de proverbios, pero en palabras que tienen como objetivo más amplio definir los propósitos de la educación sapiencial.

Los versículos 2-6 son una serie de frases de estructura paralela que comienzan con «para» (*le-*) seguido por el infinitivo (aunque el versículo 5 es diferente, pues es una ampliación del 4): «para aprender» (2a), «para conocer» (2b), «para adquirir» (3), «para dar» (4), «para entender» (6). Los objetos de estos verbos ponen en claro los logros que promete la educación: «sabiduría y doctrina (o corrección)», «razones prudentes», «instrucción y prudencia, justicia, juicio y equidad». En los versículos 4 a 6 figuran los dos grupos envueltos en el proceso educativo: los jóvenes ingenuos, que con el estudio adquieren sagacidad, inteligencia y cordura, y los sabios e inteligentes, que al enseñar aumentan su saber, y cada día entienden mejor el significado de las enseñanzas de la tradición que transmiten. En la segunda parte del versículo 7 aparece por primera vez el grupo que se opone a los sabios y a sus estudiantes: los insensatos (o necios), que «desprecian la sabiduría y la enseñanza». La primera parte del versículo 7, que funge como lema del libro, traza también la línea divisoria entre los grupos opuestos: para la tradición sapiencial de Israel, la adquisición de sabiduría a base de educación era una alternativa abierta para todos. Solamente el que la desprecia, y así demuestra su falta de respeto (con Alonso Schökel, mejor que «temor» en el 7a) al Señor, creador del mundo y autor de toda la sabiduría por cuyo medio los sabios lo comprenden (véanse el 3.19, 20 y el 8.22-36, entre otros), es necio o insensato.

Con el 1.8 comienza una serie de discursos didácticos —o un largo discurso didáctico en partes— que termina en el 9.18. La voz que oímos es la de un maestro que ocupa varios papeles: el principal es el de un padre que amonesta a su hijo o hijos (por ejemplo el 1.8, entre muchos más), pero también habla en voz de la sabiduría (por ejemplo el 1.22-33), de los criminales (por ejemplo el 1.11-14), o de la mujer adúltera (7.14-20), para así hacer memorables sus lecciones.

1.8-19. En el versículo 8, que sirve de introducción a esta parte, identificada como una «instrucción» (*musar*) o «enseñanza» (*torá*), el maestro habla como padre a hijo, en el 9 recomendando el honor y la recompensa que esperan al joven que adquiere una educación (para un ejemplo del uso de las joyas, sobre todo de los collares, como símbolo de eso, véase Gn 41.42). En los versículos 10 al 19, el sabio advierte contra dejarse llevar por malos compañeros («los pecadores», 8) a la violencia criminal. La tentación que ofrece la pandilla (11-14) se expresa sencillamente: hazte uno de nosotros, y toma parte en los asaltos y robos (¡«al inocente»!) que nos harán ricos. En palabras que todo padre o madre que se preocupa y se desvela por un hijo incitado por pandillas o maras comprende muy bien, el maestro termina la sección juzgando el fruto de tal comportamiento: «a su propia sangre ponen asechanzas, contra sí mismos tienden la trampa. Así son las sendas de todo el que es dado a la codicia, la cual quita la vida de sus poseedores» (18, 19). Aunque es posible usar estas enseñanzas metafóricamente, y aplicarlas a cualquier otra situación de vida donde la codicia tienta al mal, la lectura de este texto en su sentido literal les habla directa y claramente a muchos de nuestros jóvenes, sobre todo en los barrios urbanos. Y la voz que les habla no es la voz profética pero remota de la revelación, sino la sabia e inmediata voz del sentido común. El sabio maestro de Proverbios de hecho iguala en este caso la vida moral cuyas bases se fundan en la educación ética, con el «respeto al Señor», base y principio de la sabiduría.

Proverbios

1.20-33. Como también en el 8.1-3, aparece aquí la figura de la sabiduría como vendedora ambulante, pregonando activamente su mercancía por las calles y plazas de la ciudad. En los versículos 20 y 21 el maestro brevemente describe la escena: la sabiduría personificada (la palabra que usa en el 1 es *jakemot*, nombre abstracto singular que aparece muchas menos veces, y solamente en la poesía sapiencial [véanse Pr 9.1 y 24.7, Sal 49.3] la forma más común *jokmah*) pasa por calles y plazas haciendo su pregón. La imagen sugiere que su voz se oye tanto en los lugares comunes y corrientes —las calles y las plazas— como en los que se encuentran con bullicio y gritería. En el 21 —dando a *ro'sh homiyyot* un sentido más adecuado al significado del verbo *hmh*, del cual *homiyyot* es un participio activo plural, «alborotarse, agitarse, turbarse»—, sería mejor traducir, como lo hace Alonso Schökel, «lo más ruidoso de la ciudad», que «los principales lugares de reunión», de la RVR. Pero la sabiduría se hace oír también «en la entrada de las puertas de la ciudad», es decir, en el lugar donde tradicionalmente se hacían los anuncios públicos y se reunían los ancianos a decidir asuntos legales (véase Rt 4.1-13).

En el versículo 22, y hasta el fin del capítulo, la voz del maestro nos hace oír el pregón de la sabiduría en estilo directo, es decir, en sus propias palabras, con las que esta dirige una seria advertencia a los que llama «ingenuos», «burlones» e «insensatos» en el mismo versículo, e «ignorantes» y «necios» en el 32, es decir, a los que no aceptan su represión (23-25), los que «aborrecieron la sabiduría y no escogieron el temor (o respeto) de Jehová» (29). De acuerdo con la ideología de las escuelas sapienciales, el género humano se divide en dos grupos, necios y sabios. Solamente en el último versículo de esta sección se dirige la sabiduría al segundo grupo, los que le hacen caso y reciben sus consejos, los que podrán vivir confiadamente y tranquilos, sin temor al mal. Para los necios, sin embargo, la advertencia es severa: a falta de sabiduría, les vendrán encima calamidades, tribulaciones y angustias «como un torbellino» (27). Lo peor es que «la prosperidad de los necios los echará a perder» (32), es decir que, sin la sabiduría, aun lo que el necio considera buena fortuna es una trampa fatal.

2.1-22. Después de la severa advertencia que la sabiduría les dirige a los necios en general, oímos de nuevo la voz del sabio, dirigiéndose a su estudiante como para explicarle lo que significa esa decisión para quien se ha comprometido a seguir por las sendas de la sabiduría. El tono es personal e individual («hijo mío», 1) y el énfasis positivo, pormenorizando los beneficios que recibe quien se dispone a buscar la sabiduría «como si fuera plata» y a considerarla como «un tesoro» (4). El primero y mayor de esos beneficios es llegar a entender «el temor de Jehová» y hallar «el conocimiento de Dios» (5), ya que Dios es el autor y dador de la sabiduría (6, 7). Pero también, de acuerdo con el pragmatismo del pensamiento de las escuelas sapienciales, junto con este beneficio vienen otros beneficios tangibles. En el caso de esta sección, lo que confieren es la «sana sabiduría» (7) y «la discreción» (11), que como don de Dios entran en el «corazón» (como casi siempre, es mejor interpretar esta imagen en el sentido de «mente») de «los rectos» (7) y es la protección contra las tentaciones del «mal camino» (12). Es decir, que se trata de beneficios prácticos, del sentido común y del compás moral que guían a los «rectos... a los que caminan rectamente» (7) y les hacen posible evitar los peligros que les acechan en el mundo. Entre estos se destaca por primera vez «la mujer ajena» en los versículos 16-19, figura que volverá a aparecer en los capítulos 5, 6 y 7. En todos estos casos parece mejor interpretar la imagen literalmente: tanto o más como el sabio maestro le advierte a su discípulo que se guarde de la tentación de la codicia que le puede llevar a cometer robos y crímenes violentos, así lo amonesta a rechazar la tentación del adulterio: la «mujer ajena» (16) es la mujer casada con otro (17), pues tratar con ella lleva a la desgracia y a la muerte (18, 19). El punto de vista masculino tradicional de la obra, y el carácter patriarcal de la sociedad en la que se produjo, se dejan ver en una actitud que culpa casi enteramente a la «mujer ajena» como fuente y origen de la tentación.

Los versículos con los que termina el capítulo (2.20-22) reiteran la visión bifurcada del género humano que es característica de los escritos sapienciales: los buenos, justos, rectos e íntegros siguen un camino que los lleva a vivir en la tierra, mientras que los malvados y prevaricadores serán eliminados y arrancados de ella. Las consecuencias de una conducta que no se basa en el respeto al Señor son fatales, mientras que los que se dejan guiar por la sabiduría siguen la senda que lleva a la vida.

Proverbios

3.1-12. La voz del maestro es la que se hace oír en el tercer capítulo, llamando al discípulo «hijo mío», como comenzó en el 1.9 y en el 2.1. Con esto en mente, parece mejor traducir la palabra *torá* en el 3.1 como «enseñanza» como lo hace Alonso Schökel (y otras versiones, como la NRSV, *«teaching»*, lo cual es literalmente "enseñanza"). La traducción de la RVR: «Ley» (¡con mayúscula!) implica que el que aquí habla es Dios, lo que se hace difícil de mantener en vista de los versículos que siguen (4, 5, 6, 7), en los cuales el interlocutor se refiere a Dios en tercera persona. El maestro recomienda sus enseñanzas y mandamientos, a los que se refiere en el versículo 3 como «la misericordia y la verdad» *(jesed ve'emet)*. Sería mejor traducir la primera de esas dos palabras con el significado alternativo «lealtad», ya que la combinación de los dos vocablos *jesed* y *'emet*, bien frecuente en el texto hebreo, lleva el sentido de cumplimiento de una promesa o un voto, ya sea por parte de Dios o de un ser humano, y bien puede traducirse «lealtad y fidelidad» o algo similar (véanse como ejemplos en los cuales el contexto no deja duda del significado Gn 24.27, 29; 47.29; Jos 2.14; Miq 7.20). En Proverbios, la combinación aparece además en los versículos 14.22, 16.6 y 20.28. El sabio maestro le aconseja al discípulo que sea fiel y leal a sus enseñanzas, y usa una metáfora que el aprendiz de escriba comprendería muy bien: la «tabla» *(luaj,* en el versículo 3 y también en el 7.3) es la tablilla —o xpar de tablillas— cubierta(s) de cera que usaban los escribas para tomar notas y que siempre llevaban consigo («átalas a tu cuello»). El corazón (en este caso, como casi siempre que se usa la palabra en el Antiguo Testamento), es una imagen que representa la mente. El versículo 4 usa la expresión «hallarás gracia y buena opinión ante los ojos de Dios y de los hombres», que 1 Samuel 2.26 aplica al joven Samuel, y Lucas 2.52 al joven Jesús, para indicar el resultado visible de la educación en la vida de los estudiantes que van adquiriendo con éxito la sabiduría. Al mismo tiempo, el maestro le advierte al estudiante que no se confíe de su propia opinión, sino que siempre tema/respete al Señor y se aparte del mal (7-8), que sea generoso y puntual con sus ofrendas y primicias (9-10), y que esté listo a recibir la corrección y el castigo del Señor (11-12), ya que respetar al Señor y apartarse del mal le traerán salud, la generosidad en la ofrenda le dará prosperidad, y la corrección del Señor le convencerá del amor paternal de Dios, que «al que ama castiga, como el padre al hijo a quien quiere». El Libro de Job, como ya se verá, va a poner en cuestión estas proposiciones básicas del pensamiento sapiencial.

3.13-20. Estos versículos constituyen un hermoso encomio de la sabiduría en forma de bienaventuranza o macarismo —el bien conocido tipo de bendición o felicitación que comienza con «¡Bienaventurado…!» (en hebreo *'ashre*, gr. *makarios*)—, e inmediatamente indica como motivo de la bendición una acción o cualidad del bendecido, en este caso «el hombre (*'adam*, mejor, ‹ser humano›) que halla la sabiduría y obtiene la inteligencia». En muchos casos, el macarismo terminaría así, pero aquí (versículos 14-20) sigue una alabanza de la sabiduría, que se dice es más valiosa que el oro, la plata y las piedras preciosas, la fuente de larga vida y de honra, así como del deleite y de la paz. El versículo 18 introduce la imagen de la sabiduría como «árbol de vida», y hace eco de la bienaventuranza que inicia el 13, aunque usa una forma verbal distinta (*me'ushar*) derivada de la misma raíz: «bienaventurados son los que la retienen». El texto masorético, probablemente a causa de ese ese eco verbal, marca el fin de una sección al final del versículo 18. Parece mejor, sin embargo, considerar los dos versículos siguientes como parte del encomio de la sabiduría, tal vez como una conclusión que la eleva a otro plano, es decir, al de los beneficios que la sabiduría le ofrece al ser humano, al carácter sobrehumano que le confiere su papel en la creación del mundo, tema que se tratará en forma mas extensa en los versículos 8.22–31.

3.21–35. En el versículo 21 el maestro se dirige de nuevo a su estudiante (el lector) como «hijo mío», esta vez para recomendarle la vida confiada y segura que la sabiduría puede darle (versículos 23–26). En los últimos versículos del capítulo, 27–35, añade preceptos de conducta hacia el prójimo en la bien conocida forma que comienza con la partícula negativa *'al*, seguida por el verbo en yusivo: no negar, escatimar, o rehuir lo que uno puede darle al prójimo que lo necesita, no intentar daño hacia el prójimo, ni ponerle pleito (el verbo que usa el texto, *rib*, significa principalmente pleitear en el sentido jurídico) sin tener buena razón para hacerlo. En fin (31), no envidiar ni imitar al «hombre injusto» (*'ish jamas*, literalmente «hombre violento»), pues el Señor abomina al perverso, pero es amigo íntimo de los justos

Proverbios

(RVR «justos», 32). La sección concluye con palabras que parecen ya presagiar la escena dramática de Mt 25.31-46: el Señor divide a la humanidad en dos grupos: malvados, escarnecedores y necios por un lado, y justos, humildes y sabios por el otro, para recompensarlos de acuerdo con sus obras. La gran diferencia es que en el caso de Proverbios, la recompensa es aquí y de ahora, mientras que la escena del juicio en Mateo la traspone al nivel escatológico.

4.1-9. El capítulo 4 se divide en tres secciones, 1-9, 10-19 y 20-27, que juntas forman una nueva exhortación a adquirir sabiduría; es decir, este capítulo sigue el tema que ya han presentado los anteriores. En el primer versículo, el maestro se refiere de nuevo a sí mismo como un «padre», y a sus lectores o estudiantes como «hijos», pero esta vez añade que él fue una vez hijo/alumno de sus padres, es decir, que estuvo en la misma posición que ellos. Este argumento es propio del sistema de educación que se refleja en Proverbios, es decir, un sistema basado en la tradición que el estudiante debe aceptar, aprender y poner en práctica sin mucha investigación ni discusión. Así, en el versículo 4 el maestro se refiere a lo que su padre le decía: «retén mis razones (lit., «palabras») en tu corazón (es decir, apréndetelas de memoria), guarda mis mandamientos y vivirás», pero está claro que cita esas palabras, y todo lo que sigue, sin hacer distinción entre lo que su padre/maestro le decía a él, y lo que ahora él le dice a su hijo/alumno, dándonos un ejemplo claro de esta didáctica basada en la tradición. El mensaje de estos versículos está bien claro en el versículo 5: «adquiere sabiduría, adquiere inteligencia (o mejor, entendimiento)», y con aún mas énfasis en el 7: «sabiduría ante todo, ¡adquiere sabiduría!». Por supuesto que en esta exhortación no falta la promesa de los beneficios de educarse: la sabiduría, dice el maestro al alumno, «te guardará» y «te protegerá» (6), «te engrandecerá» y «te honrará» (8), y «un adorno de gracia pondrá en tu cabeza; una corona de belleza te entregará» (9), que sería mejor traducir «te pondrá en la cabeza una diadema preciosa (DBHE, [*Diccionario bíblico hebreo-español*, véase la Bibliografía] *sub jen*); te entregará una bella corona».

4.10-19. La imagen de los dos caminos, que ya apareció en el 2.20-22, vuelve en estos versículos que recomiendan el «camino de la sabiduría», amplio, llano y progresivamente mejor iluminado, poniéndolo en contraste con «la vereda de los impíos», una nueva alusión a dejarse tentar por malas compañías a la violencia criminal, como ya vimos en el 1.10-19. Los versículos 18 y 19 resumen el mensaje en dos símiles paralelos: «La senda de los justos es como la luz de la aurora, que va en aumento hasta que el día es perfecto; pero el camino de los malvados es como la oscuridad, y no saben en qué tropiezan».

4.20-27. La tercera y última parte del capítulo amonesta al lector a seguir una conducta deliberada y recta, aconsejándolo con las bien conocidas palabras del versículo 23: «Sobre toda cosa que guardes, guarda tu corazón porque de él mana la vida». Los versículos que siguen explican en parte lo que esto quiere decir: las palabras que la RVR traduce en el 24 «perversidad de la boca» e «iniquidad de los labios» pueden traducirse mas específicamente con el sentido de boca mentirosa, labios falsos, es decir, que lo primero que significa «guardar el corazón» es ser veraz. La misma idea se expresa con una nueva imagen en el 25, donde el texto hebreo se refiere a la mirada directa, a los ojos de un interlocutor, característica de quien dice verdad. El segundo significado de la frase (25-27), es ser cuidadoso y deliberado en la conducta, y seguir sin desvío el camino recto.

5.1-23. El capítulo 5 trae otra vez al asunto la figura de la «mujer extraña», que ya apareció brevemente en el 2.16-19, pero que aquí y en el 6.20–7.27 juega un papel mucho más extenso. Esta figura es compleja y ha merecido varias interpretaciones a través del tiempo. En el nivel más aparente, la «mujer extraña» representa la mujer ajena y, como ya se ha dicho, su uso en Proverbios es en primer lugar para comunicar una fuerte advertencia contra el adulterio que, como el participar en crímenes de violencia, le podría enajenar la honra y la carrera al joven estudiante, poniéndolas en manos de otros (mejor que «extraños» en los versículos 9 y 10); es decir, llevándole al fracaso y hasta a la muerte prematura. Otro nivel, presente en la manera en la que el texto se refiere a la «mujer extraña» en los capítulos 6 y 7, la identifica como una ramera o prostituta, lo que puede ser simplemente una intensificación del lenguaje despectivo con que el texto se refiere a la mujer adúltera. Varios intérpretes modernos han visto en estas advertencias contra la «extraña» un trasfondo de oposición a la práctica de la «prostitución sagrada» como parte del culto idólatra de ciertos pueblos vecinos, que se llegó a establecer en Israel en tiempos determinados, y por lo tanto una advertencia en contra de la idolatría. Más posible que esta opinión es la de otros, que conectan las advertencias contra la «mujer extraña» con los sentimientos xenófobos que tuvieron auge entre algunos de los grupos que regresaron del exilio babilónico en la Jerusalén del período persa. Los capítulos 9 y 10 de *Esdras,* tal vez el mejor ejemplo de esa situación, narran el divorcio forzado y la expulsión de las mujeres «extranjeras» (Esd 10.10) con las que muchos de los que regresaron a Jerusalén se habían casado, y de sus hijos, como si esto fuese una acción piadosa por parte de Esdras. No cabe duda de que si consideramos las dos clases de imágenes femeninas que aparecen en Pr 1-9 (por un lado la «mujer extraña» en sus varias presentaciones, y por el otro la de la fiel esposa, la «mujer de tu juventud, cierva amada, graciosa gacela» en 5.19-19, a la que podemos añadir la descripción de la «mujer virtuosa» del 31.10-31, y sobre todo la figura idealizada de la Sabiduría en el capítulo 8) podemos conjeturar que todos estos textos fueron escritos desde un punto de vista para el cual las figuras femeninas se clasifican simplemente bajo una u otra de dos categorías: virtud o vicio. Esto no debe sorprendernos, ya que, como se ha visto, los autores de Proverbios preferían también una clasificación binaria de todos los seres humanos: sabios o necios, justos o malhechores. Un sistema tan rígido y simple, si bien puede tener cierto uso educativo, deja mucho que desear en realidad, y de las mismas escuelas sapienciales provienen las agudas críticas que sobre su simpleza y rigidez le hicieron los autores de Eclesiastés y de Job.

Los versículos 1-14 del capítulo 5 advierten al joven, primero, que los atractivos de la «extraña» son trampas que esconden lo opuesto de lo que parecen ofrecer: ajenjo por miel, o el filo de una espada en vez de la suavidad del aceite (3 y 4). Al mismo tiempo, ella no sabe por dónde anda, pero «sus pasos se dirigen al Seol», es decir, a la muerte, a donde llevará al incauto que la siga (5 y 6). Este quedará, dice el maestro, lamentándose al fin de no haber puesto atención a sus advertencias: «¡Cómo pude aborrecer el consejo? ¿Cómo pudo mi corazón menospreciar la represión?» (12), caído en la desgracia y en la ruina. Los versículos 15-20 cambian el tono de advertencia a recomendación, para aconsejarle al joven que beba «el agua de (s)u propia cisterna», es decir, que se case joven y que sea fiel a su joven esposa: «Que sus caricias te satisfagan en todo tiempo y recréate siempre en su amor. ¿Por qué, hijo mío, has de andar ciego con la mujer ajena y abrazar el seno de la extraña?» (20). El capítulo cierra (21-23) con el recordatorio de que «los caminos (es decir, la conducta) del hombre están ante los ojos de Jehová», y de las inevitables y funestas consecuencias que esto tendrá para «el malvado».

6.1-19. Esta primera parte del capítulo 6 interrumpe el tema de la «mujer ajena» (que comenzó en el capítulo 5, y que va a reanudarse en el 6.20 y a continuar en el 7) con cuatro piezas cortas: 1-5, 6-11, 12-15 y 16-19, que son aparentemente independientes una de otra. La primera, 1-5, es una fuerte advertencia contra actuar como fiador, es decir, garantizar que otra persona pagará una obligación con la promesa de pagarla uno si el otro no lo hace, cosa que el versículo 1 considera que no es prudente hacer por un amigo, y menos por un extraño. Si alguien se ha enredado en tal trampa, debe hacer todo lo necesario —hasta humillarse, importunando a su amigo— para salir de ella lo antes posible. La segunda pieza, 6-11, usa la hormiga como ejemplo de labor industriosa y provisión para el futuro, y como contraste a la vida del perezoso, que prefiere dormir a trabajar, y que por lo tanto acabará en la miseria y la pobreza. Tanto esta pieza como la anterior reflejan actitudes que, si bien señalan verdades pragmáticas —que es riesgoso ser el fiador de otro, ya sea amigo o extraño, o que la pereza lleva a la pobreza— no alcanzan el nivel de la ética de la Regla de Oro, o de «amarás a tu prójimo como a ti mismo». La pobreza no es siempre el resultado de la pereza del pobre: hubo profetas como Amós y Miqueas que supieron muy bien que la opresión y la codicia por parte de los poderosos son causas de la pobreza y de la miseria de los humildes.

Los versículos 12 a 19 caen en dos partes: la primera (12-15) describe al «hombre malo» (*adam beliyya'al*, que el DBHE define como «sin provecho, inútil; mezquino, rastrero, vil; perverso, canalla, desalmado, arrasador»), al «hombre depravado» (*'ish 'awen*, lit., «hombre de maldad, hombre malvado») en términos que tienden a parecer una caricatura, casi como si fueran instrucciones para un actor que va a hacer el papel de villano en un melodrama, torciendo la boca (12b), guiñando los ojos, raspando los pies (según la RVR, «que habla con los pies») y haciendo señas con los dedos (13). Este sinvergüenza tiene por propósito sembrar discordias, pero «su calamidad vendrá de repente» (15) cuando el Señor lo castigue. Los versículos que siguen (16-19) son ejemplo de una forma poética muy bien conocida en la literatura semítica (no solamente hebrea, sino también cananea, como por ejemplo en los textos de Ugarit) desde los tiempos más antiguos. Se trata de un «dicho numérico»: una lista basada en una serie de elementos similares o relacionados, introducida con la fórmula «n, n+1», que en este caso es «seis cosas aborrece Jehová, y aun siete le son abominables» (16). Hay otros ejemplos en Proverbios, como veremos en el capítulo 30, donde la expresión más corriente de la fórmula introductoria es «tres... cuatro» (30.15b, 18, 29). En el caso presente, la fórmula es «seis... siete», lo que anuncia que la lista es de siete elementos, en este caso las características del malvado, varias de las cuales hacen eco de las ya mencionadas en la sección anterior (12-15). No es necesario suponer que las dos piezas, tan diferentes en cuanto al estilo, hayan sido originalmente una sola composición, pero —sobre todo porque que ambas terminan con la identificación del villano como el que «siembra las discordias» (14) o el que «siembra discordia entre hermanos»— es posible que un editor las haya yuxtapuesto. El Señor aborrece, sobre todo, al que se dedica a socavar y a destruir la unidad que debe existir en la comunidad religiosa —antítesis de lo que celebra por ejemplo Sal 133.1: «¡Mirad cuán bueno y cuán delicioso es que habiten los hermanos juntos en armonía!».

6.20-35, 7.1-27. El resto del capítulo 6, y todo el 7, pueden considerarse juntos como una amonestación en dos partes: una en contra del adulterio, y la otra una diatriba contra la que el autor llama la «mala mujer», la «mujer extraña» (6.24), la «ramera», la «adúltera» (6.26). El 6.20-23 introduce la primera parte, dirigiéndose al lector como «hijo mío» y calificando lo que sigue como «el mandamiento (*mitzvah*) de tu padre» y «la enseñanza (*torah*) de tu madre» (20), que atados al corazón y enlazados al cuello —imagen ya usada en el 3.3 y otros— serán lámpara y luz, y camino de vida (23). Después de esta introducción general, el autor introduce el tema específico: «para guardarte de la mala mujer, de la suave lengua de la mujer extraña (*nokriyyah*)» (24). Se trata de la actitud que ya se ha visto, con la tendencia a reducir la mujer a la seductora del joven, ya sea como prostituta que así se busca la vida, o como adúltera que expone la vida del joven a peligro mortal (26). La culpa es exclusivamente de ella.

Job, Proverbios, Eclesiastés y Cantar de los Cantares

Esta actitud parcial y dañina no corresponde ni a la realidad social humana ni a la visión ética de otras partes de la Biblia. Los versículos 27 y 28, que llevan a la conclusión en el 29, usan una forma literaria que encontramos con bastante frecuencia en el Antiguo Testamento, la pregunta retórica (véanse por ejemplo la serie de estas en Am 3.3-8): «¿Pondrá el hombre fuego en su seno sin que ardan sus vestidos? ¿Andará el hombre sobre brasas sin que se quemen sus pies?». Tocar a la mujer del prójimo es jugar con fuego. El resto del capítulo elabora el tema de las consecuencias del adulterio, equiparándolo al robo de la propiedad de otro: como el ladrón (¡hasta el que se ve obligado a robar por el hambre!) sufre el desprecio de la sociedad (30) y si es descubierto debe pagar siete veces el valor de lo robado (31), así el que comete adulterio es «insensato» (*jasar lev*, lit., «falto de mente»), pues se destruye a sí mismo (o mejor dicho, que «corrompe su alma», en el versículo 32). Su castigo vendrá a manos del esposo agraviado —«el hombre enfurecido por los celos» (34) que ni perdonará, ni aceptará compensación en «el día de la venganza»— y no, al menos en este pasaje, a manos de Dios.

El capítulo 7 también comienza con una amonestación al «hijo mío» a que guarde los mandamientos y la ley de su padre, en términos convencionales. Lo que se distingue en estas palabras por su novedad, y por la conexión que establece a lo que viene en el capítulo 8, es la introducción de la sabiduría (*jokmah*) y de la inteligencia (*binah*), ambas palabras femeninas en hebreo, como personajes a los que el «hijo» deberá llamar «hermana» y «parienta» respectivamente, para que lo protejan de dejarse seducir por la «mujer ajena» (4 y 5). Lo que sigue es una parábola, una forma narrativa didáctica de uso muy frecuente en la Biblia, y como tal es una ficción compuesta por el autor para ilustrar un precepto moral. El narrador describe lo que dice ver desde su ventana, escondido detrás de la celosía (6-8) al atardecer: la escena callejera en la esquina de su casa, en la cual la mujer seduce al joven insensato (10-21). A pesar de que el autor la describe como vestida «de ramera» (10), está claro, por lo que dice la mujer, que lo que le ofrece al joven no es prostitución (trato sexual por dinero), sino adulterio. En el versículo 14 le dice que ha ofrecido «sacrificios de paz y hoy he cumplido mis votos», y es importante saber lo que esto quiere decir. Aunque el sacrificio llamado «de paz»

—de acuerdo a las traducciones— fue una parte del sistema ritual del antiguo Israel que cambió a través de los siglos y cuyos detalles por lo tanto no están completamente claros, podemos decir que se distinguía por ser el tipo de sacrificio en el cual, después de que el sacerdote ofrecía en el altar ciertas porciones reservadas para el Señor —sangre y grasa— y apartaba lo que le correspondía a él por su oficio, el resto de la carne se devolvía al que había traído el sacrificio, para su consumo en una fiesta familiar. La mujer convida al joven, por lo tanto, a un festín, y por lo que parece, a un festín privado. Con la descripción de su cama y recámara (16 y 17), la mujer introduce una franca invitación al joven a pasar la noche con ella, ya que su marido anda de viaje y no volverá «hasta la luna llena» (20). La escena termina en el 22a, cuando el joven se marcha tras ella, y el narrador predice el resultado funesto en los 22b y 23. El texto de estos dos versículos es un problema para la traducción: no hay forma de leerlo sin recurrir a enmiendas, ya que aparentemente se ha corrompido en el proceso de transmisión. La última cláusula del 22 (según RVR: «o como va el necio a prisión para ser castigado») no tiene mucho sentido en hebreo, ya que literalmente significaría «y como ahorca sobre la corrección del necio» o algo parecido. En su comentario sobre Provervios, Alonso Schökel dice que en el mejor de los casos puede interpretarse «como se irrita el necio con la corrección», pero aun así, la cláusula no tiene sentido en su contexto. Mejor, con Alonso y otros, hacer las sencillas enmiendas que permiten leer «o salta como un ciervo a la trampa». Así se conserva la serie de tres animales a punto de morir: el buey que va al matadero, el venado que salta en la trampa y el ave que vuela a la red, y que termina con el cuarto, es decir, con el joven necio que, dejándose adormecer por la seducción, no sabe «que va a perder la vida hasta que la saeta traspase su corazón (lit., ‹su hígado›)». Es decir, hasta que el marido celoso regrese y lo asesine.

Los versículos 24 a 27 concluyen el capítulo con una amonestación más contra «ella», dirigida en plural en el 24 («hijos míos») aunque regresa al singular en el 25: no te metas en sus caminos, ni te apartes a las veredas que han hecho caer a tantos: «Camino del Seol es su casa, que conduce (lit., ‹baja›) a las cámaras de la muerte» (27).

8.1-36. El capítulo 8 puede considerarse uno de los pasajes programáticos de la literatura sapiencial, y en este sentido tal vez como el pasaje culminante de Proverbios. La sabiduría personificada no solamente se presenta en escena, sino que lo hace para pronunciar un encomio de lo que es y de lo que puede ofrecer a los seres humanos. El autor la introduce con una pregunta retórica en el versículo 1, y en el 2 y 3 esboza la escena en breve: la sabiduría (*jokmah*, nombre cuyo género gramático femenino se presta a su personificación en figura de mujer), pregona el valor de sus ofertas a los seres humanos (en el versículo 4, la primera forma del nombre es *'ishim*, «hombres», pero la segunda, y paralela, es *bney 'adam*, «seres humanos»). En los versículos 4-11, la Sabiduría personificada ofrece discreción a los ingenuos y cordura a los necios, y proclama la excelencia, verdad, justicia y rectitud de sus enseñanzas, las cuales son más valiosas, dice, que la plata, el oro puro o las perlas, «y no hay cosa deseable que se le pueda comparar» (11). Después de este anuncio, ya un tanto convencional, de sus beneficios, la Sabiduría proclama su superioridad y por lo tanto el valor de lo que ofrece, sobre todo en dos campos del saber, los que hoy llamaríamos servicio público —desde la burocracia hasta le diplomacia— y ciencia —desde la filosofía hasta las ciencias naturales.

En los versículos 12 a 21 la Sabiduría se proclama la fuente de «la ciencia de los consejos» (12) y de otros elementos del equipo intelectual de un funcionario de la corte, ya que «por mí reinan los reyes, y los príncipes ejercen la justicia. Por mí dominan los príncipes, y los gobernadores juzgan la tierra» (15, 16). Por supuesto que el escriba bien adiestrado, que puede demostrar su sabiduría en las cortes de reyes o de gobernadores, puede esperar una buena recompensa, lo que ella también promete: «las riquezas y el honor me acompañan» (18). Podemos pensar en escenas típicas que representan el ideal de las escuelas sapienciales, como la de José en la corte del faraón en Génesis 41, o la de Daniel en la de Nabucodonosor en Daniel 2. Eso no quita que la Sabiduría diga al mismo tiempo que su fruto y sus beneficios sobrepasan al oro y la plata (19), pero no hay duda de que promete también la prosperidad y el honor.

Si en ese pasaje la Sabiduría se autodefine como el «temor de Jehová» (13) —que ya hemos visto puede mejor traducirse como «respeto», y que en este caso se expresa en la integridad, cordura y sentido de justicia del buen juez o funcionario que no tolera «la soberbia, la arrogancia, el mal camino y la boca perversa», y que puede por lo

Proverbios

tanto dar «consejo y buen juicio»—, en el pasaje siguiente proclama algo hasta ahora no dicho: su función en la creación del mundo.

El verbo del versículo 22 (*qnh*), si bien tiene el sentido de «adquirir, comprar, poseer» —que es el que la RVR le da al traducir «Jehová me poseía en el principio»—, significa también «crear, formar», como vemos por ejemplo en Génesis 14.19, 22, donde Melquisedec y Abram se refieren al Señor como «creador de los cielos y de la tierra» usando el participio activo de ese verbo, (también Dt 32.6 y Ps 139.13). La Sabiduría proclama su abolengo: «el Señor me creó en el principio de su actividad, antes de sus (otras) obras». El 23 continúa la misma idea, lo que se hace claro si leemos el verbo de este versículo no como una forma de *nsk*, «verter», con el sentido derivativo de «ser consagrado en primacía» como lo hace la RVR, sino como «ser tejido, ser formado», lo que entonces traduciríamos «desde la eternidad fui formada, desde el principio, antes de la tierra». No solamente es la primera obra formada por Dios, antes que las demás de la creación, como indican los versículos 24-29, sino como dice el 30, «con él estaba yo como un artesano» (traduciendo la palabra *amon* como el sustantivo que eso significa). Es decir, que en este versículo podemos ver, en cierto sentido, el principio de las ciencias en el pensamiento hebreo: Dios creó el mundo por medio y a través de la Sabiduría, su artesano, y por tanto, la Sabiduría es capaz de comprender y de explicar el mundo y los principios por los cuales este se rige como nadie puede hacerlo. La sección termina con un macarismo doble: «¡Bienaventurados los que guardan mis caminos! (32)... Bienaventurado el hombre que me escucha (34)... porque el que me halle, hallará la vida y alcanzará el favor de Jehová (35)». Por el contrario, despreciar la Sabiduría es contraproducente: «todos los que me aborrecen aman la muerte» (36).

9.1-18. El capítulo 9, con el que termina la introducción al libro, se compone de tres secciones (1-6, 7-12 y 13-18) que aparentemente no tienen conexión, aunque el contraste entre la primera y la tercera está claro. En la primera (1-6), la Sabiduría es la anfitriona generosa que prepara su casa y su banquete, e invita a los ingenuos y a los simples a gustar de su pan y de su vino, es decir, a nutrirse con la educación que les ofrece, y a andar «por el camino de la inteligencia» (6). La segunda sección (7-12) establece el contraste entre el que es sabio y el que se burla de la Sabiduría («el escarnecedor»). El primero ama y acepta la enseñanza y la reprensión, mientras que el segundo las aborrece. El versículo 12, que resume la sección, parece aconsejar que no se debe perder tiempo tratando de cambiar al burlón en sabio, pues cada uno tiene su destino y su fin. La tercera sección presenta de nuevo la imagen de la «mujer necia... alborotadora, ingenua e ignorante», ofreciendo a los simples una parodia del banquete al que la Sabiduría los invitó en la primera parte del capítulo. En este caso, la oferta es de «aguas robadas» y de «pan comido a escondidas», referencias a la oferta ya vista en los capítulos 5, 6 y 7, que a pesar de parecer sabrosa, lleva a la muerte y al Seol.

II. «Los proverbios de Salomón» (10.1–22.16).

Si, como ya se ha dicho, los capítulos 1-9 son un prólogo añadido posteriormente por un redactor, es posible que «Los proverbios de Salomón» (10.1a) sea el título original —como parece indicarlo la RVR, que aísla la frase con un renglón en blanco— de una colección anterior de proverbios que probablemente se extiende hasta el 22.6. Con el 10.1b, comienzan los proverbios (*meshalim*) propiamente dichos, es decir, unidades poéticas cortas, mayormente dísticos, caracterizados por el paralelismo, cada uno con su mensaje. En general, los proverbios que se encuentran en del 10.1b al 15.33 son ejemplos del paralelismo llamado «antitético», es decir, que se expresan por medio de dos proposiciones con puntos de vista opuestos, pero que iluminan una misma conclusión: sirva de ejemplo el primero de todos: «el hijo sabio alegra al padre, pero el hijo necio es la tristeza de su madre» (10.1b). El significado es obvio: dada la división binaria de la humanidad entre «sabios» y «necios» que era fundamental en el pensamiento de las escuelas sapienciales, el estudiante tiene por delante dos opciones: o ser sabio (estudioso, serio, aplicado, etc.) y así alegrar a sus padres —la división de estos en «padre» y «madre» en las dos partes del dístico deben verse como un caso de hendíadis (figura retórica que expresa un solo concepto por medio de dos de sus partes)— o por lo contrario, ser necio (burlón, haragán, falto de disciplina, etc.), y así entristecerlos. Recordemos además que la imagen básica de la que se sirve Proverbios para referirse a la relación

Proverbios

de maestro y estudiante es la de padre (o madre) e hijo, y se completa el cuadro: el proverbio le pone claro al estudiante la responsabilidad que lleva por el éxito, o el fracaso, de sus relaciones con los que lo educan, o lo quieren educar. El versículo es un buen epígrafe para los Proverbios de Salomón.

Dada la necesaria brevedad de esta obra —que más que un comentario detallado, busca ser una guía de ayuda para quien quiere leer la Biblia por su propia cuenta—, no se tratará de comentar cada proverbio, ni siquiera la mayoría de ellos, que en general tienen la claridad que les confiere el sentido común con el que fueron escritos. Será mejor comentar sobre el capítulo o sección en general, sobre todo cuando sea necesario informar al lector de asuntos históricos o literarios que no se encuentran en forma explícita en el texto, o corregir una que otra traducción, sobre todo las que se basan en corrupciones del texto hebreo.

10.1b—15.33. Los proverbios de esta sección, como ya hemos dicho, tienen principalmente la forma de dísticos con estructura de paralelismo antitético. No son nada difíciles de entender, si tenemos en mente su propósito, que es preparar a los jóvenes para que tomen puestos honorables en la sociedad, sobre todo en la burocracia de la corte o del Templo, cultivando las virtudes que los capacitarán y evitando los peligros que pueden llevarlos al fracaso.

En cuanto al contenido, representan consejos centrales de la sabiduría, en los que se oponen la justicia a la maldad y la codicia (2, 3), la diligencia a la negligencia (4, 5), la justicia a la impiedad (6, 7), y el resto de las virtudes con las que la Sabiduría definía y clasificaba el comportamiento humano y sus vicios correspondientes. En la gran mayoría de esos consejos no hay secretos ni significados ocultos que necesiten explicación: dicen lo que quieren decir simple y llanamente. Esto es cierto aun en los relativamente pocos que mencionan al Señor: no hay que ser teólogo para comprender que por ejemplo el 11.1, «Jehová abomina el peso falso, pero la pesa cabal le agrada», o el 14.31, «el que oprime al pobre afrenta a su Hacedor, pero lo honra el que tiene misericordia del pobre», son dos de los muchos proverbios que expresan, sin más, una ética que pone valores como la honradez en el comercio y la protección de los débiles en la sociedad en primer plano, y usa al Señor para autorizarlos. No se trata tanto de un juicio

—y menos de una visión apocalíptica de un juicio final— sino de la operación automática de principios que, desde que la Sabiduría sirvió de agente a Dios en la creación del mundo, forman parte de la trama misma de la vida: «el camino de Jehová es fortaleza para el perfecto, pero destrucción para los que hacen maldad» (10.29). El que sigue esos principios prospera y triunfa, el que los ignora o desprecia se destruye a sí mismo. «Abominables son para Jehová los perversos de corazón, pero los perfectos de camino le son agradables» dice el 11.20, e inmediatamente precisa lo que quiere decir: «Tarde o temprano (mejor, «por seguro») el malo será castigado (o mejor dicho, «no escapará el castigo»), pero la descendencia de los justos se librará» (21). En su forma más escueta, tal como la expresa por ejemplo el 12.21: «Ninguna adversidad le acontecerá al justo, pero los malvados serán colmados de males», esta idea de la distribución automática e inevitable de recompensas a los justos y de castigos a los malos, piedra clave de la ética sapiencial, se hace difícil y problemática al cotejarse con la realidad social. Como se ha visto previamente en este libro, ese es precisamente el problema que confronta el Libro de Job.

El tema de la mujer —claramente se trata de aconsejar a los jóvenes sobre las cualidades que convienen, o no, en una esposa— aparece en estos capítulos en una forma que hoy encontramos demasiado androcéntrica y patriarcal. Está claro que en los círculos de los cuales proviene el Libro de Proverbios, el lugar social aceptable de la mujer es el de esposa virtuosa y diligente, como dice el 12.4: «La mujer virtuosa es corona de su marido, pero la mala es como carcoma en sus huesos», o el 14.1: «La mujer sabia edifica su casa, pero la necia con sus manos la derriba», en anticipación del encomio de la mujer virtuosa con el que concluye el libro en los versículos 31.10-28. El 11.22, «como zarcillo de oro en el hocico de un cerdo es la mujer hermosa pero falta de sentido» (en mi traducción al castellano; Eugene Petrson, en *The Message*, acertadamente traduce la última frase «cara linda en cabeza vacía»), y posiblemente el 11.16, cuyo texto hebreo presenta un gran problema a los traductores, advierten contra la belleza femenina en ausencia del sentido común, y deben leerse en el contexto de la búsqueda de la esposa ideal.

16.1-22.16. La mayor parte de los proverbios que se encuentran en esta segunda parte de «Los Proverbios de Salomón» tienen, en vez

Proverbios

de la forma de paralelismo antitético que prefieren los de la primera parte, las formas de paralelismo que han sido llamadas «sinónimo» (la parte B repite, en palabras distintas pero equivalentes, lo que dice la parte A) o «sintético» (más difícil de definir, pero puede decirse que la parte B completa o confirma el sentido de la parte A, sin tener la correspondencia de partes que tiene el paralelismo sinónimo). Así, podemos usar el 16.6, «con misericordia y verdad se corrige el pecado; con el temor de Jehová los hombres se apartan del mal», como ejemplo de paralelismo sinónimo, y el 16.4, «todas las cosas ha hecho Jehová para sus propios fines, incluso al malvado, para el día malo», como ejemplo del sintético.

Además de la diferencia de estilo, esta colección, aunque tan variada y falta de un orden claro como la precedente, tiene ciertas características en cuanto a contenido que la distinguen. La principal de estas es la frecuente referencia al rey en proverbios como el 16.12 («abominable es que los reyes cometan maldad, porque con la justicia se afirma el trono»), o el 20.26 («el rey sabio dispersa a los malvados, y sobre ellos hace rodar la rueda»); consejos dirigidos al rey sabio, como el 16.13 y 14 («los labios justos complacen a los reyes; estos aman a los que hablan con rectitud. La ira del rey es mensajero de muerte, pero el hombre sabio la evita»), que parecen dirigirse más bien a los funcionarios de la corte real. Otros, por ejemplo el 16.15 («en la alegría del rostro del rey está la vida, y su favor es como nube de lluvia tardía»), el 19.12 («como el rugido de un cachorro de león es la ira del rey, y su favor como el rocío sobre la hierba»), o el 20.8 («el rey, al sentarse en su trono para juzgar, con su mirada descubre todo mal») y 20.28 («la misericordia y la verdad guardan al rey, y con clemencia se sustenta su trono»), parecen simplemente expresar la ideología de la corte.

A pesar de que el 17.23 («el malvado acepta en secreto el soborno para pervertir las sendas de la justicia»), como ya lo había hecho el 15.27 en la previa parte, se pronuncia en contra de la corrupción endémica en muchas cortes, varios proverbios en esta sección parecen aceptar la costumbre del soborno. Si bien el 17.8 («como un talismán es el soborno para el que lo practica: dondequiera que va, halla prosperidad»), el 18.16 («los regalos del hombre le abren el camino que lleva a la presencia de los grandes») o el 21.14 («la dádiva en secreto calma el enojo; el regalo discreto, la fuerte ira») tienen un tono que pudiera considerarse indiferente, más bien parecen aprobar y recomendar la costumbre. De la misma manera, se respira la atmósfera de la corte real en versículos tales como el 16.13 («los labios justos [*tsedeq*] complacen a los reyes; estos aman al que habla con rectitud [*yesharim*]»), es decir, que dar buen consejo al rey es la principal función y meta de los escribas entrenados para la corte, y una dádiva de Dios: «del hombre es hacer planes en el corazón [es decir, en la mente]; de Jehová es poner la respuesta en la lengua» (16.1). Al mismo tiempo, conviene saber callar: «el que ahorra palabras tiene sabiduría; prudente de espíritu es el hombre inteligente» (17.27), ya que «aun el necio, cuando calla, es tenido por sabio, el que cierra sus labios es inteligente» (17.28). Pero no solamente se precian la palabra acertada y el silencio prudente, sino que en esta sección aparecen varios proverbios que advierten contra los malos usos del idioma: el chisme (18.8) y la detracción de otros (17.4), la contienda (18.6), el falso testimonio y la mentira (19.9) por ejemplo. El respeto al idioma y a sus usos es fundamental para las enseñanzas de la sabiduría: «aguas profundas son las palabras de la boca del hombre; y arroyo que rebosa es la fuente de la sabiduría» (18.4).

Por lo demás, esta sección contiene enseñanzas como las que ya hemos visto, que aconsejan una actitud práctica y de sentido común ante la vida: la diligencia y la honradez, la justicia, el saber y la integridad.

III. Las palabras de los sabios (22.17–24.22)

El 22.17 identifica esta sección con el título «las palabras de los sabios», y en el 22.20, donde la RVR traduce «tres veces», la palabra hebrea *shilshom* presenta un problema, ya que en realidad significa «anteayer», lo que no tiene sentido en su contexto. La traducción de la RVR sigue la de la Septuaginta griega y la Vulgata latina, que también se vieron frustradas ante el texto hebreo. El texto masorético —y algunas versiones modernas, como la de Alonso Schökel o la NRSV— enmienda *shilshom* a *shalishim*, es decir, «treinta», con lo que se puede traducir «¿no te he escrito treinta dichos de consejo y de saber?». Con esto siguen la sugerencia que publicó el egiptólogo alemán Adolf Erman

Proverbios

en 1924, en un artículo en el que demostró las múltiples semejanzas que existen entre Pr 22.17–24.22 y la *Instrucción de Amenemope*, un texto sapiencial egipcio descubierto en el siglo anterior (el Museo Británico conserva la única copia completa, Pap. 10474, publicada en edición facsímile en 1923). Erman sugirió que Pr 22.20 corresponde al principio del capítulo 30 de Amenemope, que comienza: «Mira estos treinta capítulos, que informan, que educan; son el más importante de los libros» (traducción del autor de la traducción inglesa de M. Lichtheim en Hallo y Younger, TCOS I, 121f). Amenemope pone en su nota final lo que el autor de Proverbios (22.17–24.22) puso en el prólogo. Tomando en cuenta además todos los muchos otros casos en los que el texto egipcio de Amenemope corresponde al hebreo de Proverbios, no queda duda de que uno influyó en la composición del otro. Con pocas excepciones, los eruditos ven tales semejanzas como indicio de que el texto hebreo se deriva del egipcio. A pesar de la fecha relativamente reciente del papiro 10474 (siglo sexto a. C.), la *Instrucción de Amenemope* es un texto mucho más antiguo —muchos estudiosos datan la composición original del tiempo de las dinastías XIX o XX, es decir, entre finales del siglo trece antes de Cristo y mediados del siglo doce. La *Instrucción de Amenemope*, como lo indica la sobrevivencia de otros fragmentos de variada fecha, parece haber sido un texto usado y muy copiado en las escuelas del Egipto. Fox sugiere que la influencia puede haber sido ejercida a través de una traducción de Amenemope al arameo, idioma que desde el período del imperio asirio, y sobre todo en el tiempo del imperio persa, fue el segundo idioma de las clases educadas de todo el Oriente Medio. Entiéndase bien que no se trata de una traducción al pie de la letra —como ya hemos visto con el ejemplo de Proverbios 22.20, que aparece al principio de los «treinta dichos» mientras que su paralelo en Amenemope aparece en el capítulo final—, pues los proverbios no tienen el mismo orden, aunque ambas obras están organizadas en treinta partes, breves capítulos o estrofas en Amenemope, y aun más breves —a veces un solo dístico— en Proverbios.

Una de las diferencias notables entre los dos textos, por supuesto, es que mientras Amenemope menciona un buen número de los dioses de Egipto, el autor de Proverbios, como monoteísta, usa solamente el nombre del Señor (YHWH).

En breve, los treinta proverbios son estos:

1) **22.22-23.** «No robes al pobre, porque es pobre, ni oprimas al desdichado en las puertas de la ciudad...». La última frase pone el principio general de no abusar del débil en uno de los contextos particulares en los que se debe aplicar: las cortes de justicia, que por costumbre se sentaban en «la puerta de la ciudad». La razón dada es que el Señor es el defensor de los pobres, y quien los maltrate sufrirá las consecuencias: «Porque Jehová juzgará la causa de ellos y despojará de la vida a quienes los despojen». En Amenemope, cap. 2, encontramos el mismo precepto con la misma razón: el dios Thoth (o la luna) «declarará» el crimen del que abuse del miserable.

2) **22.24-25.** «No te unas al iracundo, ni te acompañes del irascible...». En varios capítulos (2, 3, 4, 9, 10, 12) la *Instrucción de Amenemope* advierte al estudiante del peligro que supone asociarse con el hombre colérico (lit., «caliente»), propenso a cometer abusos de poder y crímenes. Proverbios hace lo mismo, y da la razón: «no sea que aprendas sus costumbres y pongas trampas a tu propia vida».

3) **22.26-27.** No es esta la primera vez que en Proverbios encontramos una advertencia contra salir fiador de las deudas de otro (por ejemplo, véase el 11.15). En este caso, la aversión a asumir la deuda de otro se hace absoluta: no es la deuda de un extraño, sino toda deuda ajena, con la que el sabio debe evitar comprometerse, para no poner en peligro lo que necesita para vivir.

4) **22.28 y 10) 23.10-11.** Para los escribas, a cargo de trámites de propiedad, de herencias y de cosas similares, la tentación de abusar de la oportunidad que su posición les proporcionaba debe haber sido seria. Por lo tanto, Proverbios en estos dos lugares, y Amenemope en los capítulos 6 y 7, advierten que remover los linderos del huérfano y de la viuda para enriquecerse será meterse en pleito con su defensor (*go'el*, aquí y en el 23.11 puede también, y posiblemente mejor, traducirse «su redentor es fuerte»). En Amenemope cap. 6 es la Luna (o Thoth) como ya se ha visto, la que defiende a estos oprimidos, y el castigo del opresor se hace claro: «sus graneros serán destruidos, sus riquezas serán quitadas de manos de sus hijos, sus posesiones serán dadas a otro. Cuidado con destruir los linderos de los campos, o un terror te arrebatará...».

Proverbios

5) 22.29. Esta promesa de éxito para el trabajador diligente y cuidadoso se repite casi exactamente en el último versículo del cap. 30 de Amenemope: «el escriba que es hábil en su oficio será juzgado digno de ser cortesano».

6) 23.1-3. Entre los preceptos de ética que contiene Proverbios, se encuentran algunos, como este, que tienen que ver más bien con la etiqueta. En este caso, se trata de un consejo al joven de poca experiencia que es invitado a comer en la mesa de un alto oficial o jefe (la palabra que la RVR traduce «señor» en el versículo 1 es *moshel*, lit. «el que manda»). La mesa está cargada de manjares que tal vez el joven nunca antes haya probado. El mejor consejo: no estás allí a demostrar cuánto puedes comer: «pon un cuchillo a tu garganta si tienes mucho apetito». Un consejo similar se encuentra en Amenemope, cap. 23.

7) 23.4-5. Siguiendo naturalmente al anterior, que aconseja no dejarse llevar por la glotonería, este proverbio amplía el campo para advertir contra la codicia de bienes, sobre todo bienes obtenidos por métodos inmorales. Amenemope (cap. 7) es el autor de la imagen de las riquezas codiciadas y hurtadas, que «se hicieron alas de ganso, y se escaparon volando al cielo», la que Pr 23.5 usa exactamente, con la excepción del cambio de ave.

8) 23.6-8 y 9) 23.9. Estos dos dichos pueden agruparse bajo la rúbrica de «pérdidas de tiempo que es sabio evitar». En el primer caso, un hombre avaro —egoísta, interesado— te invita a un agasajo solamente para sus propios propósitos: «su corazón no está contigo». La primera parte del versículo 7 debe traducirse —como lo dice claramente el hebreo, con referencia a «sus manjares» del 6—, «como un pelo en la garganta», anticipando el resultado en el 8, «vomitarás el bocado que comiste y habrás malgastado tus suaves palabras». El segundo caso, razonar con el necio, también resulta en malgastar palabras y razones: un caso de echar «perlas delante de los cerdos» (Mt 7.6).

10) 23.10-11. Véase el comentario al dicho número 4, 22.28.

11) 23.12. Este simple consejo repite las primeras palabras de Amenemope, cap. 1: «presta oído, oye los dichos, presta tu corazón a comprenderlos».

12) 23.13-14. Todas las culturas del mundo antiguo compartían la idea de que el castigo corporal era una buena manera de reforzar la enseñanza, y sobre todo las enseñanzas del comportamiento. Nuestra tradición también preserva refranes como «la letra, con sangre entra». Sin contradecir la buena idea al fondo de estos versículos —que es que la disciplina temprana es esencial para la buena educación moral— podemos decir que hemos llegado a ver que los medios violentos de disciplinar a los muchachos perjudican, más que ayudan, su educación.

13) 23.15-16 y 16) 23.22-25. El primero de estos proverbios le da énfasis a algo muy diferente de lo que hizo el anterior: el maestro le hace saber al alumno su satisfacción íntima al ver que este ha aprendido y puede dar voz a sus enseñanzas. El tema continúa y se amplía en el número 16, en el cual vuelve el tema de la alegría de los padres del buen estudiante, del que «compra la verdad y no la vende; y la sabiduría, la enseñanza y la inteligencia».

14) 23.17-18 y 19) 24.1-2. Aunque los pecadores parezcan prosperar por el momento, estos consejos prohíben envidiarlos o emularlos; en el 14 dice que habrá un cambio de fortuna en el futuro, y en el 19 lo atribuye a la violencia e iniquidad intrínsecas en su modo de vivir.

15) 23.19-21 y 18) 23.29-35. Estos dos se combinan para recomendar la prudencia en el uso del vino y de los manjares, pero por supuesto el vino, o mejor dicho, la borrachera, es el peligro mayor. En 23.29-35 se destaca del otro material, que como hemos podido ver es sentencioso y un tanto seco, pero que aquí se vuelve casi cómico en su descripción de los resultados de una borrachera.

17) 23.26-28. La advertencia contra la ramera (*zonah*) y la mujer extraña (*nokriyyah*), que ya hemos visto anteriormente, se expresa aquí desde el punto de vista típico de una cultura patriarcal, es decir, que estas mujeres acechan a sus víctimas, con el resultado (¿y la intención?) de multiplicar las prevaricaciones (o traiciones, como el adulterio) entre el género humano. La situación, como bien sabemos, es más complicada en realidad.

20) a 30). Con la excepción de los ya vistos números 19 y 29, y la de los números 25 (24.11-12) y 28 (24.17-18)—, que aconsejan altruismo hacia los condenados y hacia los enemigos cuando caigan en infortunio, por la misma razón de que el Señor todo lo ve, y le puede causar desagrado si ignoramos el sufrimiento de unos, o nos gozamos de la desgracia de los otros—, los últimos dichos tienen que ver, en forma general, con los beneficios de la sabiduría. El género humano se divide entre justos y malvados, sabios y necios, los que adquieren sabiduría y los que la desprecian. La sabiduría es como un panal de miel, dulce ahora, pero que también promete recompensas en el futuro (versículos 13, 14), y el justo, aunque caiga siete veces, volverá a levantarse, mientras que la caída del malvado será definitiva (16). Como moraleja, los versículos 21 y 22 aconsejan temer (o respetar) al Señor y al rey y, en el texto de la RVR, que sigue al hebreo masorético, no juntarse «con los veleidosos», es decir, con los cambiadizos o inconstantes. Alonso Schökel, la NRSV y varios comentaristas modernos prefieren leer, con la Septuaginta, «no los desobedezcas» o algo similar, que da mejor sentido con el resto del dicho, en el versículo 22. Respeto obediente a la Ley de Dios y a la autoridad del rey, y no provocar su ira, que puede venir repentinamente y en forma inesperada, es el consejo final de esta colección.

I Dichos de los Sabios (24.23-34)

Esta breve colección lleva un título (24.23) que la identifica como un apéndice a la anterior. Los diez versículos contienen consejos sobre el comportamiento que se debe seguir en casos de ley, ya sea como juez o como testigo, es decir, no hacer distinción de personas (23), no excusar al culpable (24), responder —o testificar— veraz y correctamente: ¡los labios que así lo hacen merecen besos! (26). Saltando por un momento el versículo 27, podemos ver que la que podemos llamar «ética del testimonio» continúa en los versículos 28 y 29, que amonestan contra el testimonio «sin causa» (falso, como lo prohíbe el mandamiento) contra el prójimo, y aparentemente contra usar la corte de justicia para llevar a cabo una venganza personal.

El versículo 27, junto con los 30-34, recomiendan la diligencia y el trabajo como base de la fortuna personal. Si tomamos el 27 literalmente, parece decir que, antes de tratar de establecer casa propia —y posiblemente, familia, dado el uso frecuente de «casa» con ese sentido— es necesario establecer una base económica en los campos, es decir, en la base de la riqueza en la antigua Palestina. Los versículos 30-34 dicen lo mismo desde el punto de vista opuesto, es decir, son una imagen de las consecuencias de la pereza y terminan con la imagen de la miseria y la pobreza atacando al perezoso cuando menos lo espera, como un bandolero armado que le tiende una emboscada en el camino.

Proverbios de Salomón, los cuales copiaron los varones de Ezequías, rey de Judá (25.1–29.27).

25.1. El título indica dos cosas: una, que los proverbios de esta colección («también estos») se consideraron «proverbios de Salomón», en el mismo sentido que ya hemos dicho arriba, hablando del 1.1, es decir, que los escribas posexílicos que editaron el Libro de Proverbios los consideraban como pertenecientes a la categoría de proverbios «clásicos», que formaban parte de la tradición sapiencial genuina. La segunda es que el editor, le atribuye la colección a «los varones (con el sentido de ‹los oficiales› o de ‹los escribas›) de Ezequías». Para los escritores de los libros de Reyes (2R 18-20) y de Crónicas (2Cr 29-32), Ezekías, rey de Judá en los tiempos en que Senaquerib de Asiria invadió a Israel y Judá, fue un rey fiel al Señor, y según el autor de Crónicas, reformador del Templo y del culto, de cuya celebración de la Pascua con grandes sacrificios y banquetes dice: «hubo entonces gran regocijo en Jerusalén, porque desde los días de Salomón, hijo de David, rey de Israel, no había habido cosa semejante en Jerusalén» (2Cr 30.26). Aunque estas historias tradicionales no mencionan específicamente la idea de que Ezequías estuviera relacionado con la Sabiduría, como Salomón, les parecía natural a los editores de Proverbios que sus siervos y oficiales lo hubieran estado, y que hubieran copiado esta colección de «proverbios de Salomón». En todo caso, la colección refleja bien la atmósfera de la corte, donde todo depende de la buena voluntad del rey, y donde la actividad de los cortesanos al desarrollar su papel de consejeros del rey los lleva con frecuencia a rivalidades y conflictos.

25.2-7. La colección comienza con unos versículos que, si bien no son un prólogo formal, aluden al tema central ya mencionado. Dios, por supuesto, está por encima del mundo, y del rey, y la «gloria de Dios» se basa en misterios insondables, eternamente ocultos, pero la gloria del rey (la RVR dice «honra», pero es la misma palabra: *kevod*) se basa en saber muy bien los asuntos del mundo y de su pueblo.

Proverbios

Ni la altura de los cielos, ni la profundidad de la tierra (misterios que solamente Dios conoce) pueden ser escudriñados por los seres humanos, ni tampoco la mente (mejor que «corazón») del rey por sus súbditos. La tarea de estos, como consejeros y oficiales, se compara a la de quien purifica el mineral para separar la escoria de la plata pura. Quitada la escoria, el platero tiene material para hacer vasijas o alhajas de valor; quitados los malos consejos de los «malvados» en la corte, el rey puede tomar buenas decisiones: «su trono se afirmará en justicia». Al mismo tiempo, es importante no dejarse llevar por la ambición, en palabras que Jesús seguramente tuvo en mente cuando aconsejó a sus discípulos (en Lucas 14.8-10) esperar a ser llamado a un alto puesto sin exponerse a ser humillado por ser presuntuoso.

25.8-10. La última frase del versículo 7 (RVR: «a quien tus ojos han visto») puede leerse como el principio del 8, «lo que tus ojos han visto», es decir, que el versículo 8 aconseja no llevar con demasiada prisa (*maher*) un asunto a pleito (o acusar a otro), ni siquiera sobre algo que uno cree haber visto con sus propios ojos. El resultado de tal acción precipitada puede ser la vergonzosa situación de ser desmentido y humillado en público. Mejor sería discutir el asunto en privado con el compañero en cuestión, y resolverlo sin comunicar a otro —o peor, hacer público— su «secreto».

25.11- 28. En el resto del capítulo 25, y también en el 26, la forma que toman la mayoría de los proverbios es la similitud, en la que se yuxtapone una imagen vívida con un comportamiento o manera de ser, para expresar un juicio positivo o negativo sobre tal actividad. La forma más común es «como A, así es B» (por ejemplo, el 25.12), pero hay también ejemplos en los que se omite el prefijo hebreo que significa «como» (el 25.11). En pocos casos, el texto hebreo invierte el orden de las partes, «B, como A» (por ejemplo, el 25.15). Hay ocasiones, por ejemplo el 25.20, en las que la RVR invierte en su traducción el orden de las partes del texto hebreo, que en este caso dice: «como el que quita la ropa en tiempo de frío (A), o el que sobre el jabón (mejor, lejía o natrón, carbonato de sodio) echa vinagre (A'), es el que canta canciones al corazón afligido». Las dos imágenes, A y A', ilustran bien el punto: tratar de alegrar por fuerza al «corazón afligido» será añadirle sufrimiento a la aflicción.

Job, Proverbios, Eclesiastés y Cantar de los Cantares

Aunque los proverbios de esta sección no tienen lo que se pudiera llamar una organización estricta, se pueden distinguir agrupaciones alrededor de ciertos temas amplios. Los cuatro primeros de esta sección, 25.11-14, tienen que ver con la palabra y sus usos. Once de los versículos 17-28 pueden agruparse, más o menos, bajo la rúbrica de relaciones interpersonales.

25.11-14. Los dos primeros proverbios se relacionan tanto al nivel de las imágenes —joyas preciosas— como al de lo que representan: la importancia de la buena oportunidad y de la receptividad para que el consejo tenga éxito. La traducción, más correctamente, debe ser: «Manzanas de oro en diseño de plata son las palabras dichas en su tiempo oportuno. Como un arete de oro o un joyel de oro fino es la amonestación sabia al oído dócil». El «mensajero fiel», que transmite cabalmente los mensajes que se le confían, que ni miente ni confunde lo que dice, es para quienes lo envían tan agradable como el fresco de la nieve, tal vez una brisa inesperada que baja de las nieves perpetuas del Líbano, lo sería en el calor del verano. La última frase del versículo 13 parece ser un comentario posterior, una explicación que no es común en estas similitudes, y que parece (mal)entender la referencia a la nieve como si tuviera que ver con traer nieve de las montañas para hacer bebidas refrescantes —la palabra *nefesh* significa «garganta» en primer lugar—, y pudiéramos leer «pues le refresca la garganta a su señor». Si el proverbio trata, como se ha sugerido, con un fenómeno del tiempo, es decir, una brisa fresca en tiempo de calor, la correspondencia con el versículo 14 queda clara: las imágenes de este proverbio y del anterior están relacionadas, pues ambas vienen del campo de la meteorología. El viento que trae nubes pero sin lluvia es como quien se jacta de ser generoso pero no da, o promete pero no cumple: su palabra no es «fiel».

25.15. El versículo 15 es una similitud (de forma «B, como A») que debe leerse: «con paciencia (la frase '*orek 'appayim* significa simplemente «paciencia») se aplaca al príncipe, como la lengua blanda quebranta los huesos».

25.16-28. El tema común de estos consejos y advertencias son las relaciones humanas. No todos, como veremos, tienen la forma de similitudes. El 16 simplemente aconseja moderación en el disfrute de las cosas buenas, no sea que la intemperancia lleve al disgusto.

Proverbios

Siguiendo la tipografía de la RVR, podemos leerlo como una especie de prólogo al 17, que aconseja no abusar del placer de las visitas al vecino, para que el placer no se convierta en fastidio. Con el 18 volvemos a las similitudes, en este caso un arsenal de armas ofensivas (leyendo «maza, espada y saeta afilada») que se comparan a dar falso testimonio contra el prójimo —es decir, que la calumnia es como un asalto a mano armada, sobre todo en un contexto jurídico. El 19 amonesta a quien, en tiempo de angustia, pone confianza en un pérfido o traidor (*boged*, RVR «prevaricador»), ya que le será tan inútil como un diente roto o un pie dislocado (o resbaloso). El 20, que ya vimos arriba, completa la serie de sujetos nefastos que comenzó en el 18, con el indiscreto cuyo intento de alegrar al corazón afligido por medios no apropiados no consigue más que aumentar la angustia. Lo que sigue, en el 21 y 22, es uno de los dichos más conocidos de Proverbios, aunque muchos lo conocen solamente en la forma en la que Pablo lo cita en el famoso pasaje en Romanos 12.20. Darle de comer al enemigo hambriento y de beber al sediento tienen la doble recompensa de avergonzar al adversario y de recibir el pago del Señor por ser generoso. La similitud regresa en el 23, en el que (como) «el viento del norte trae (lit., hace parir) la lluvia», la mala cara trae la lengua detractora (o lo opuesto, la lengua detractora trae mala cara, como lo traducen la NRSV y Alonso Schökel). El 24 es un dicho de la forma «mejor es» en el que se hace una comparación entre dos elementos que tienen cierta relación o continuidad, por lo que producen más sentido dramático que las similitudes. En este caso, el dicho evoca la escena casi cómica de un sabio reducido a vivir en una esquina de la azotea de su amplia casa por las rencillas de su mujer pendenciera, y por supuesto es una amonestación contra casarse con tales. El resto de los versículos del capítulo, en aptas similitudes, compara las buenas noticias de países lejanos al agua fría para la garganta (RVR «alma») sedienta, al justo que vacila ante el impío (y no lo condena) con un manantial corrompido, a quien busca demasiado su propia gloria a un goloso que come demasiada miel (véase el versículo 16), y al hombre de espíritu desenfrenado a una ciudad arruinada e indefensible.

26.1-28. La colección continúa en este capítulo en el cual los temas mayores son el necio y el perezoso, junto con otros indeseables como el entremetido, el chismoso, el mentiroso, el pendenciero y el que vive lleno de odio.

26.1-12. Con la excepción del versículo 2 (que debe mejor leerse «como un gorrión al vagar o una golondrina al volar, así la maldición sin causa no llega [a su objetivo]»), todos estos dichos tienen que ver con la figura típica del necio. El versículo 1 y el 3 corresponden el uno al otro: los honores no le vienen bien al necio (1); lo que le convienen son los azotes (3). El 4 y el 5 forman otro par, en este caso por oposición aparente: aconseja el uno no disputar con el necio, por no descender a su nivel, y el otro disputar con el necio, para demostrarle la inanidad de sus ideas. El versículo 6 presenta un problema, en que las dos imágenes de la primera parte de la similitud, cortarse los pies y «beber algo en daño propio» (Alonso Schökel enmienda el texto y dice «beber vinagre») no tienen sentido juntas en el mismo versículo. Dadas las correspondencias que ya encontramos entre pares de dichos similares en este capítulo, parece posible que dos similitudes que comparan al que envía un «recado por mano del necio» (la primera, a cortarse los propios pies; y la otra, a beber vinagre), hayan sido combinadas. Los versículos 7 y 9 constituyen otro par, ya que ambos se refieren al peligro de la mala aplicación de un buen proverbio en boca del necio, lo que lo hace inútil (7) o peligroso (9). Entre los dos se interpone el 8, que vuelve al tema de la inutilidad, o el peligro, de darle al necio honores inmerecidos. En el versículo 10, la RVR traduce la palabra *kesil*, la misma que hasta aquí ha traducido «necio», con «insensato», y así confunde un poco al lector. Se trata de otra similitud en la cual se compara la falta de responsabilidad de quien le da un cargo a un necio o vagabundo con la mala puntería de un «arquero que a todos hiere», tanto a amigos como a enemigos. La imagen del necio que, como un perro que vuelve (a comerse) su vómito, vuelve a su necedad una y otra vez, es bien conocida. Finalmente, la serie termina en el 12 con la mención de alguien que es peor que el necio: el que «se tiene por sabio» pero no se somete a la autoridad de la tradición y de los maestros.

26. 13-16. Estos dichos tienen que ver con la otra figura negativa de la tradición sapiencial, el perezoso, y tienen un carácter de caricatura, con un matiz cómico. El perezoso no quiere salir de la casa a trabajar, así que inventa excusas: ¡Hay un león en la calle! (13). El perezoso da vueltas en la cama, como la puerta gira en sus goznes, sin ir a ninguna parte (14). El perezoso mete la mano en el plato, pero le falta la energía para llevarse la comida a la boca y comer (15). Y por supuesto, el perezoso se cree que es más sabio que siete expertos consejeros (véase arriba el versículo 12).

26.17-28. El resto del capítulo es una colección mixta de advertencias en contra de varios tipos de comportamiento peligroso. Meterse en pleito ajeno es como «tomar por las orejas a un perro que pasa» (17), es decir, buscarse un problema sin causa y no poder soltarlo después. El irresponsable que engaña a su amigo —tal vez dándole un susto mortal— y trata de excusar su acción con llamarla broma; es como un loco que sin razón prende incendios o dispara saetas mortales: la intención o la falta de intención no excusa el acto (18-19). Otras comparaciones con el fuego siguen. En el 20 es el chismoso, y en el 21 el pendenciero, los que encienden y atizan el fuego de las rencillas. Los dichos de los versículos 22 al 28 son principalmente advertencias contra la duplicidad y sus efectos nefastos: el chisme delicioso, la lisonja, la palabra amigable, que encubren el odio disimulado y que llevan al desastre. El sabio, parecen decir, debe siempre estar alerta contra estos peligros.

27.1-27. El capítulo 27 es una colección de proverbios diversos, muchos de ellos sobre temas ya vistos con cierta frecuencia. Entre los primeros 22 versículos se destacan, sin embargo, varios que tienen que ver con la amistad, el compañerismo y cómo tratar a los compañeros. Ya que el trasfondo del libro de Proverbios es la formación de una clase profesional de escribas, es muy posible que el «amigo» tan mencionado sea el colega, tanto de estudios como de oficio. En ese contexto, versículos como el 17 y el 19 (en este caso, leyendo «mente» en vez de «corazón») pueden verse como referencias a la dimensión interpersonal de la educación, y en el 18 el «señor» es el maestro. Se explican así también las referencias al «cordial consejo del amigo» (9) y a la «reprensión manifiesta» (5), así como las advertencias contra la envidia (4) y los peligros de jactarse o enorgullecerse demasiado cuando uno recibe alabanzas (2 y 21). Una nota casi cómica es la advertencia del 14: ¡todo a su propio tiempo!

Los últimos versículos (23-27) del capítulo proponen el uso del sentido común en la administración de la propiedad (en este caso, rebaños), que debe vigilarse para que prospere y dure.

28.1-28. En los versículos 4, 7 y 9 se destaca un énfasis sobre la Ley (*Torá*) que hace posible relacionar la primera parte del capítulo (1-10) con el período persa, cuando la Ley se hace el elemento central de la religión de la comunidad judía, tanto en Jerusalén como en Babilonia. El versículo 9, debe traducirse: «el que aparta su oído para no escuchar la Ley, hasta su oración es abominación», es decir, que se trata de un judaísmo emergente que pone a la Torá en el centro de importancia: sin Torá, no hay oración que valga. En estos versículos, como en el resto del capítulo, se respira también la atmósfera de opresión y abuso de los pobres por los ricos que bien sabemos fue característica de varios períodos en la historia de Israel. Así, algunos estudiosos han sugerido que los versículos de la segunda parte del capítulo (11-28), que entre otras cosas condenan al gobernante malvado al que llaman «león rugiente y oso hambriento» (15), «gobernante falto de entendimiento» (16) y «hombre cargado con la sangre de otro» (17), se refieren a Manasés, cuyo largo reinado Judá como vasallo de los asirios (véase 2R 21.1-18) es, para los historiadores deuteronomísticos que escribieron el libro de Reyes, el peor que hubo en Jerusalén (véase 2R 21.16). El tema de los proverbios de esta sección es cómo los justos y fieles pueden sobrevivir en un tiempo como este. El último versículo del capítulo puede servir de epítome: «cuando los malvados se levantan, se esconde el hombre (es decir, los justos); cuando perecen, los justos se multiplican» (28).

29.1-27. El capítulo 29 continúa con una mezcla de proverbios bastante similar a la del 28, pues en versículos como el 2, el 4, el 12, el 16 y el 26 se barrunta la misma situación de un rey o gobierno opresivo, y el 14 puede expresar una dimensión de la esperanza en esas circunstancias. La «visión» (RVR dice «profecía», pero véase cómo traduce la misma palabra, *jazon*, en 1S 3.1) escasea en tales tiempos, y «el pueblo se desenfrena», pero el remedio es guardar la Torá (18). Con estos proverbios se mezclan otros, entre los cuales se destacan varios (3, 15, 17, 19, 21) que tienen que ver con la conducta de hijos y siervos de la familia, y cómo corregirla si es necesario. Leyendo entre renglones, se observa una actitud que espera que el Señor recompense

Proverbios

a justos y malvados (13, 16, 26) y que prefiere la tranquilidad y el orden a la rebelión: «los sabios calman la ira» (8, véase también el 11). En todo esto, «el justo está atento a la causa de los pobres; el malvado no entiende que eso es sabiduría» (7).

30.1–31.31. Los dos últimos capítulos de Proverbios contienen cuatro piezas cortas y de variadas formas literarias, que constituyen un apéndice al texto principal del libro. Es posible que hayan sido textos que se usaban en las escuelas sapienciales, añadidos a la colección sin intención de integrarlos a ella.

30.1-9. Esta breve pieza tiene por título «palabras de Agur, hijo de Jaqué, la profecía que dijo el varón», palabras similares a las que encontramos en Números 24.3b (Balaam), o en 2 Samuel 23.1 (David). De quién fue Agur, hijo de Jaqué, no sabemos nada. Las traducciones modernas, con una leve enmienda, traducen la segunda mitad del versículo 1 (RVR «a Itiel, a Itiel y a Ucal») con «estoy cansado, Dios, estoy cansado y no puedo más», lo que no solamente encaja muy bien en lo que sigue, sino que también nos libra de Itiel y Ucal, nombres de los cuales tampoco se sabe nada. La extensión de las palabras de Agur es algo en lo que no hay acuerdo entre los comentaristas. (Fox, por ejemplo, les asigna los versículos 1-14 en el primer volumen de su comentario, pero en el segundo nos informa que ha cambiado de opinión, y las identifica con los primeros nueve versículos solamente. Con esto, hace más claro el carácter de plegaria que tiene la pieza. Aunque hay cierto parecido entre las palabras de Agur y partes del libro de Job, Agur no parece tener una de las formas de la literatura sapiencial, sino que más bien tiene afinidades con los Salmos, o con formas de la literatura profética. Pero es el contenido de las «palabras de Agur» lo que más contradice el tono positivo que, sobre todo en Proverbios, tiene la literatura sapiencial. Agur se declara «más rudo (lit., ‹bruto, estúpido›) que nadie» (2) y confiesa que «no aprendí sabiduría ni conozco la ciencia del Santo (en hebreo, ‹los santos›)» (3), es decir, que si fue de los estudiantes de la sabiduría, fue un fracasado. El versículo 4, con sus preguntas imposibles de responder, parece un eco breve de la interrogación a la que Dios somete a Job a partir de capítulo 38 de ese libro. El resultado es similar. Agur se rinde ante Dios, y le ruega que lo proteja de «vanidad y mentira», y que no le dé ni riqueza, que pudiera llevarlo, saciado, a negar al Señor; ni pobreza, que pudiera llevarlo al crimen y a la blasfemia.

30.10-33. Si seguimos la más reciente sugerencia de Fox sobre la extensión de las «palabras de Agur», el resto de este capítulo se debe contar desde el versículo 10, y es una colección de dichos en los que la mayoría tienen la forma de «dichos numéricos». Con la excepción de los versículos 10 y 32, y posiblemente el 17, los dichos —numéricos o no—, de esta sección son más bien observaciones del mundo social o natural que preceptos para el comportamiento. Así, el 10 amonesta contra acusar (falsamente, o lit., calumniar) a un siervo ante su señor, «no sea que te maldiga, y lleves el castigo», mientras que los versículos 11 al 14 son un catálogo de «generaciones» impías: que no respetan ni a su padre ni a su madre, que se jactan de su pureza mientras continúan en su impureza, que son altaneros y orgullosos, que son rapaces devoradores de los pobres y débiles. La lista no los condena explícitamente, ni aconseja no ser como ellos, sino simplemente señala su existencia. El 15 y 16 son los primeros «dichos numéricos», una forma que se encuentra en otras culturas semíticas del antiguo oriente. La característica formal más distintiva de estos dichos es la fórmula «n, n+1», que en los ejemplos presentes es «tres, cuatro», pero puede ser cualquier número, y la lista de elementos que sigue cobra cierto aire de estar completa. Sirvan como ejemplo los versículos 15 y 16. El versículo 15 no es parte del dicho numérico, pero la prominencia que tiene el número dos («la sanguijuela tiene dos hijas») y por supuesto el tema de ser insaciable, debe haber causado su yuxtaposición con el 16: «tres cosas hay que nunca están hartas, y una cuarta nunca dice: ‹¡Basta!›». Estas listas de fenómenos observados no ejercen juicio sobre ellos, al menos en forma explícita, sino que sencillamente declaran el punto de semejanza que cuatro cosas disímiles tienen en común. El versículo 17 ni pertenece a los dichos numéricos ni tiene conexión con lo que lo precede o lo que lo sigue. Parece un proverbio popular que declara las consecuencias funestas de la falta de respeto a los padres.

El dicho numérico de los v 18 y 19 es una lista de «cosas que me son ocultas», es decir, que se mueven en forma incomprensible (la RVR traduce «rastro», la palabra hebrea es *derek*, lit. «camino o conducta»): el águila en el aire (cielo), la culebra sobre la peña, la nave por el mar, y «el rastro del hombre en la muchacha». Puede ser que el factor común de estos elementos sea precisamente que no dejan rastro,— como lo dejaría por ejemplo la culebra si se moviera sobre la arena. Si tal es el caso, se explica la inclusión del 20, que no es parte del dicho numérico, pero que literalmente comienza «así es la conducta (*derek*) de la mujer adúltera» y usando un símil bien transparente, dice que ella se ufana de su adulterio diciendo «no he hecho ningún mal», es decir, que no queda rastro de su acción ilícita.

Se hace ver un tono casi sarcástico en los versículos 21 a 23, con la lista de cosas que hacen temblar la tierra, que se le hacen insoportables. La lista es de cambios de situación en los que el esclavo se hace rey, el necio se hace rico («saciado de pan»), la mujer a la que nadie ha querido se casa, y la sirvienta sucede a su señora.

Los versículos 24 a 28 son una lista de animalitos que, aunque pequeños y aparentemente insignificantes, dan muestras de gran sabiduría: las hormigas, que guardan comida en el verano para sustentarse en invierno; los «conejos» (la palabra hebrea *shaphan* se refiere al damán, un animal oriundo de África y de la región de Siria y Palestina) que viven en los pedregales para protegerse; las langostas, insectos que aparecen en millones, y la lagartija o salamanquesa (RVR «araña») que a pesar de ser pequeña, se mete hasta en los palacios reales. El último de los dichos numéricos se encuentra en los versículos 29-31, donde la lista es de cosas «de hermoso andar», y después del león, el gallo y el macho cabrío incluye al rey, «delante de su gente (o ejército)» (enmendando el texto donde la RVR traduce «a quien nadie resiste»). Tal vez puede verse aquí también una nota de ironía dirigida a la arrogancia de los reyes.

Los versículos 32 y 33, con los que termina el capítulo, pueden leerse como un solo dicho, aconsejando que si uno se ha enaltecido neciamente, reflexione y calle («ponte la mano sobre la boca»). El versículo 33, que parece un dicho numérico sin los números, es una lista de tres acciones que producen resultados previsibles. Es difícil traducir el juego de palabras, pues el hebreo usa la misma palabra tres veces, *mits*, un infinitivo verbal que significa «apretar, exprimir, estrujar» (DBHE 424): «exprimiendo leche se saca mantequilla (o tal vez yogur), exprimiendo la nariz se saca sangre, y exprimiendo la ira (con la altanería) se saca contienda».

31.1-9. Esta breve sección lleva el título de «Palabras del Rey Lemuel, profecía con la que lo instruyó su madre». Tampoco aquí —como en el caso de Agur, hijo de Jaqué (30.1)— podemos decir cosa alguna sobre el rey Lemuel o su progenitora, que bien pueden ser figuras ficticias. Después de la breve introducción (versículo 2), en la cual es interesante el hecho de que la madre de Lemuel usa tres veces la palabra aramea «bar», en vez de la hebrea «ben» para interpelar a su hijo, le da tres consejos: Uno, no malgastes tu vigor —probablemente «vigor sexual»— con mujeres, de las que «destruyen a los reyes» (3). Dos, un rey no debe beber ni vino ni cerveza (la RVR traduce *shekar* «sidra», pero la palabra se refiere a la cerveza hecha de cebada, bebida aún más antigua que el vino en el mundo de la Biblia). La razón está clara: un rey embriagado se descuida de la ley (no de la Torá en este caso, sino de los decretos de la ley del reino) y les niega así el derecho a los afligidos que apelan a él. Es curioso que el vino y la cerveza, continúa el consejo, deben darse a los necesitados para «que beban, que se olviden de su necesidad y no se acuerden más de su miseria» (7). El tercero y final consejo es que el rey debe «abrir su boca en favor del mudo», es decir, declarar positivamente que la justicia es para los desvalidos. «Abre tu boca, juzga con justicia y defiende la causa del pobre y del menesteroso» (9). No cabe duda de que este es el más importante de los tres.

31.10-28. El libro de Proverbios termina con un poema acróstico alfabético —una forma característica de la literatura sapiencial en la que cada versículo comienza con una de las letras consecutivas del alfabeto hebreo— dedicado en este caso a la «mujer virtuosa», la que sería la esposa ideal del hombre sabio. Está claro que se trata de un ideal, ya que la familia que forma el contexto de las actividades que describe el poema tiene un alto nivel de vida, con propiedades, sirvientes y actividades de producción comercial que le traen buenas ganancias. La mujer virtuosa es la administradora de todo esto, a cargo no solamente del bienestar físico de su familia (15, 21), sino de la producción agrícola de sus propiedades (16) y de la manufactura casera y la actividad comercial que estas hacen posible (24), de las cuales cuidadosamente lleva las cuentas (18), pues de ellas depende la fortuna de la familia. Su marido «confía en ella y no carecerá de ganancias» (11), pudiendo dedicarse a las labores intelectuales de la

Proverbios

ley: «su marido es conocido en las puertas de la ciudad, cuando se sienta con los ancianos del país» (23), es decir, se sienta a juzgar y goza del respeto de sus congéneres. Las cualidades que el poema le atribuye a la mujer virtuosa la asemejan a la Sabiduría personificada que hemos encontrado antes en Proverbios: es diligente, fuerte e industriosa, generosa con los pobres, providente para los suyos, y da lecciones de sabiduría y clemencia o bondad a quienes la oyen. Su excelencia —muy superior a la gracia y la hermosura externa— se basa en el principio sobre el que se funda la sabiduría: «la mujer que teme (respeta) a Jehová, esa será alabada» (30). Su marido e hijos por lo tanto le dicen: «¡Muchas mujeres han hecho el bien, pero tú las sobrepasas a todas!» (29).

Así termina el libro de Proverbios, obra que no tanto intenta narrar las grandes obras de Dios en el mundo, ni comunicar profecía, ni cantar alabanzas a Dios o llevarle las plegarias de su pueblo, sino permitirnos oír la voz clara y de sentido común de la Sabiduría, que nos pone delante la alternativa entre vivir de acuerdo con sus preceptos y ser sabio, lo que nos concederá vidas de felicidad y satisfacción, o hacerlos a un lado y sufrir las consecuencias nefastas e inevitables de ser necio.

Capítulo 3

Eclesiastés

Introducción

Fecha del libro

El libro que conocemos por el nombre de Eclesiastés —ya veremos un poco más adelante de dónde se deriva el nombre, y qué significa— probablemente tuvo su origen en el período posexílico, y más específicamente, de acuerdo con ciertas características del hebreo en el que está escrito, data del período del Imperio Persa, entre el siglo quinto y el cuarto a. C., o así lo data el comentario de C.-L. Seow. Muchos otros comentaristas fechan la composición del libro más recientemente, en el período helenístico, en la segunda mitad del siglo tercero a. C. (por ejemplo T. Krüger, *Qohelet*). No entraremos aquí en los detalles técnicos que han permitido a los peritos determinar tales fechas, pero los elementos más importantes son la clara influencia del arameo en el idioma de Eclesiastés, y la presencia de palabras persas en el texto: las dos más importantes (además, ambas han entrado al español) son *pardes*, «parque, huerto, foresta», de la cual derivamos «paraíso», y *medina*, «provincia, distrito», que aparece en numerosos nombres de lugar y patronímicos en el español. Esto no es decir que la derivación sea directamente a través de Eclesiastés, ya que estas palabras también aparecen en otros libros bíblicos del período persa (por ejemplo Cantares, Lamentaciones, Ester) y *medina* entró en el español a través del árabe, en el cual tomó el significado de «ciudad» o «barrio». Seow dice en su comentario que en cuanto a la clasificación tipológica de su idioma, Eclesiastés pertenece en el período persa. Sin embargo, el idioma del libro no refleja el hebreo literario normal del período posexílico, sino que más bien es el depósito literario de un idioma vernáculo, específicamente del idioma cotidiano del período persa, con su gran número de aramaísmos, y con elementos de jerga y de dialecto que posiblemente tuvieron origen en el mercado (C.-L. Seow, *Ecclesiastes*, pp. 20-21, traducción del autor).

Autor

El autor del libro no pudo, por tanto, haber sido Salomón, a quien está claro que el autor parece atribuirlo como parte de su estrategia literaria de crear un personaje sabio —Salomón gozaba de tal reputación, habiéndose convertido en la tradición hebrea en el modelo del sabio por excelencia— y dotado del poder y de los recursos para haber llevado a cabo el ambicioso proyecto que esboza en el 1.12-14, y sobre el que da informe en el resto del libro: «inquirir y buscar con sabiduría sobre todo lo que se hace debajo del cielo» (13). Salomón, hijo de David, reinó en Jerusalén durante los años 961–922 a. C. y, como se ha dicho, de acuerdo con la evidencia del idioma Eclesiastés probablemente fue escrito por lo menos quinientos años después. Si algo sabemos sobre el personaje que nos habla en Eclesiastés, es lo que nos dice en el capítulo 12.9-10: que el autor, o tal vez un editor, fue un sabio (*jakham*), que «enseñó sabiduría (*limmad da'at*) al pueblo», es decir, que fue un maestro.

Género literario

En cuanto al género de la obra, en términos generales se puede calificar de «literatura sapiencial», pero es difícil ir mucho más allá de eso. Eclesiastés parece ser una colección en la cual se mezclan varios géneros de literatura sapiencial, como en el caso del proverbio y la instrucción, que le dan un aspecto de antología, por lo que ha habido entre los comentaristas quien ha querido ver esta obra como una colección añadida originalmente al final de Proverbios y separada después.

La RVR sugiere, en su material introductorio, una simple estructura («esquema del contenido») para la obra, la que divide en tres partes:

1. La experiencia de Predicador (1-2)
2. Juicios del Predicador en torno a la existencia humana (3.1–12.8)
3. Conclusión (12.9-14)

En su comentario, que es parte de la serie *Hermeneia,* T. Krüger presenta su esquema mucho más detallado, y cuatro más que han sido sugeridos por comentaristas recientes (dos de ellos por un mismo autor), todos diferentes. Todo esto es ejemplo de la dificultad, diríamos la imposibilidad, de ofrecer un claro esquema del contenido de Eclesiastés. Procederemos entonces sin tratar de atarnos a un esquema, pero por supuesto prestando atención a las relaciones entre las partes del libro que parezcan tener importancia para el lector de esta serie.

Comentario

Título 1.1.
El primer versículo del capítulo uno sirve de título y parece ser parte integral de lo que sigue, y no algo añadido posteriormente. En todo caso, aquí encontramos por vez primera el nombre del personaje cuya voz oímos en el libro: Qohelet. La palabra hebrea parece ser una creación original del autor, o al menos podemos decir que solamente aparece en este libro. Técnicamente hablando, es un participio activo (*qal*) singular femenino de la raíz hebrea *qhl*, que lleva el significado de «reunirse, congregarse, juntarse» y de la cual provienen nombres como *qahal*, «asamblea» y *qehilla*, «comunidad». Luego, *qohelet* lleva la idea de alguien que tiene que ver con una asamblea o reunión. La forma femenina dada a un nombre que es claramente masculino, de acuerdo con las otras formas asociadas, es un fenómeno que aparece en el hebreo desde el período persa y después. Los traductores de la Septuaginta —traducción griega hecha en Egipto para el uso de la gran comunidad judía de habla griega que vivió allí— crearon el término «Ekklesiastes» basándose en la palabra griega que significa asamblea: «ekklesia» (de donde también proviene nuestra palabra «iglesia»). La Vulgata adoptó el nombre griego sin tratar de traducirlo al Latín, y dice *Ecclesiastes*, de donde, con la pérdida de una c, viene

nuestro título castellano Eclesiastés. Algunos traductores modernos, por ejemplo Alonso Schökel, han preferido retener al hebreo —como los traductores judíos— y usar Kohelet o Qohelet, como nombre propio. Este comentario seguirá esa práctica. Otros, entre los cuales se encuentran la RVR y sus predecesores, han usado la conexión que hizo la Septuaginta con «ekklesia» para traducir «Predicador», es decir, el que le habla o predica a la iglesia. El problema con esa traducción es que el libro, como veremos, no tiene nada de sermón. Ya que el contenido de la obra es mas bien filosófico o didáctico —como dice el epílogo—, «el Predicador ... enseñó sabiduría al pueblo. Escuchó, escudriñó y compuso muchos proverbios (*meshalim*)» (12.9). Otras traducciones, por ejemplo la NRSV, han preferido traducir *qohelet* como "*Teacher*" (Maestro)».

Lema (1.1) y proemio 1.2–11.

Al mismo tiempo, no queda duda que la colección, si es que así la podemos llamar, tiene un tema que, aunque no es el único, no se pierde de vista desde el principio de la obra. La palabra *havel*, la más característica de Eclesiastés, aparece por primera vez en la obra en el versículo 2, cinco veces en las ocho palabras que, en el texto hebreo, forman la frase que sirve de lema o de anuncio temático a la obra, lema que se repite casi exactamente en el 12.8. : «*havel havalim – 'amar qohelet –; havel havalim, hakkol havel*», «Vanidad de vanidades —dijo el Predicador—; vanidad de vanidades, todo es vanidad» en la traducción de la RVR. El problema con esta traducción —y debe decirse que es la más común— es que «vanidad» ha venido a significar engreimiento, presunción o jactancia, en vez de lo que quiere decir *hevel*, que por ejemplo en el DBHE tiene como acepciones «Soplo, viento, suspiro, vacío, nada, vaciedad, irrealidad, vanidad, ilusión, fatuidad, fantasma, ídolo» (DBHE, 190). Así, en la versión llamada *La Biblia de Nuestro Pueblo*, Alonso Schökel, que había usado «vanidad» en otras ocasiones, traduce Eclesiastés 1.2 como «¡Pura ilusión —dice Qohelet—; pura ilusión, todo es una ilusión!». Michael Fox, dándole énfasis al cariz filosófico de Eclesiastés, sugiere «Totalmente absurdo, dijo Qohelet, totalmente absurdo. Todo es absurdo» (Michael Fox, *A Time to Tear Down and a Time to Build Up: A Rereading of Ecclesiastes*, 159, traducción del autor). Entre ilusión y absurdo, o tal vez mejor

Eclesiastés

combinando los dos términos en algo así como «ilusión absurda» se encuentra el significado que lleva *hevel* en las palabras de Qohelet. Asimismo, las traducciones de Alonso y de Fox también, de manera acertada, traducen el significado del uso de la palabra en conexión gramática con su propio plural como un superlativo —como también ocurre por ejemplo en el caso de «Cantar de los Cantares»—, que quiere decir «el mejor de los cantares». Así, en vez de «vanidad de vanidades» debe entenderse algo como «pura ilusión» o «totalmente absurdo».

El lema no está aislado, ni aquí ni en el 12.8, sino que funge como principio y conclusión tanto del libro como de los poemas con los que comienza y concluye (1.2-11 y 12.1-8). El primero de estos poemas sirve de proemio al libro, y el segundo es el epílogo, seguido por la glosa final del 12.9-14.

El versículo 3, que es una pregunta retórica, ilumina lo que quiere decir el autor con el lema: ¿por qué dice que «todo» es ilusión, o absurdo? El vocabulario que usa este versículo incluye tres expresiones características de Qohelet que nos ayudan a comprender el significado. La primera, *yitron* (RVR «provecho») es una de las palabras arameas que son características de Eclesiastés, y es un término que proviene del comercio (DBHE : «ganancia, superávit»). En segundo lugar, la raíz '*ml*, que aparece dos veces, una como nombre y otra como verbo (*bekol-'amalo sheyya'amol*, RVR «de todo el trabajo con que se afana») tiene como primer significado la idea de la fatiga del trabajo (DBHE: «fatigarse, cansarse, afanarse, atarearse, esforzarse, trabajar»). La tercera expresión es «debajo del sol», que claramente nos proporciona el contexto no solamente para este versículo, sino para la desilusión que expresa Qohelet cada vez que exclama que todo es «*hevel*»: es el mundo nuestro, la tierra donde los seres humanos se afanan y se fatigan. M. Fox lo expresa bien cuando dice que, en Eclesiastés, *Tah at haššameš*, «bajo el sol» (alternativamente ‹los cielos›; 1.13; 2.3; 3.1) se usa veinticinco veces para indicar el terreno de la vida humana, en breve, «el mundo». Excluye el mundo de los muertos (véase el 9.[5]) y los cielos, el dominio de Dios («porque Dios está en el cielo, y tú sobre la tierra»; 5.2b). Innegablemente Dios no es *hevel*. (Fox, p. 165, traducción del inglés del autor).

Job, Proverbios, Eclesiastés y Cantar de los Cantares

En los versículos 4-11 sigue el cuerpo de lo que se puede considerar como el proemio o prólogo del libro: un hermoso aunque melancólico poema en el cual Qohelet discierne, en la recurrencia de fenómenos naturales cotidianos —la sucesión de una generación humana tras otra sobre la tierra que permanece (4), la sucesión de amanecer y anochecer del sol que se repite perpetuamente (5), el viento que cambia de dirección pero vuelve para cambiar de nuevo (6), los ríos que corren al mar, pero el mar no se llena (7)— no la promesa de nuevos descubrimientos, sino el tedio de una inalterable monotonía (8). Esto lo lleva a la bien conocida (y radical) conclusión del versículo nueve: «¿Qué es lo que fue? Lo mismo que será. ¿Qué es lo que ha sido hecho? Lo mismo que se hará, pues nada hay nuevo debajo del sol». Los versículos 10 y 11 intentan hacer creíble esa conclusión con la idea de que los sucesos no pasan del conocimiento de una generación a la memoria de otras. Todo se repite en una sucesión eterna e inalterable, pero «no queda memoria de lo que precedió, ni tampoco de lo que ha de suceder quedará memoria en los que vengan después» (11).

Qohelet se presenta y describe sus investigaciones 1.12—2.26.
Desde este punto hasta el 12.9, donde comienza la glosa final del libro, la voz de Qohelet se dirige al lector directamente, hablando en la primera persona: «Yo, el Predicador (Qohelet) fui rey sobre Israel en Jerusalén» (12). Sin mencionar a Salomón —cuyo nombre no aparece en el libro— el autor hace uso de dos elementos de la tradición asociada con el rey legendario para construir el personaje que nos habla: su sabiduría y su riqueza. La primera se pone inmediatamente en evidencia en el versículo 13, donde Qohelet anuncia su proyecto: «Me entregué de corazón (mejor: ‹entregué mi mente›) a inquirir y a buscar con sabiduría sobre todo lo que se hace debajo del cielo». Si recordamos lo que significa «debajo del cielo», frase equivalente a «debajo del sol» en Eclesiastés, es decir, en el mundo de la actividad humana, el proyecto no parece tan descabellado como a primera vista. Qohelet también, en su anuncio, ya nos deja ver lo que va a ser el resultado de sus investigaciones: «Miré todas las obras que se hacen debajo del sol, y vi que todo ello es vanidad y aflicción de espíritu» (14). No hay razón para traducir esta última frase, *re'ut ruaj* en el texto, con «aflicción de espíritu», como lo hace la RVR. La palabra

re'ut es otra de esas palabras arameas que usa Qohelet, un nombre abstracto que significa, según el DBHE, «ocupación, tarea, faena», y en combinación con *ruaj*, cuya primera acepción es «viento», «tarea vana, afán inútil» (DBHE, p. 712). Así, la NBE traduce «caza de viento», la *Biblia de Nuestro Pueblo* «querer atrapar el viento», y la *Biblia de las Américas* «correr tras el viento». Qohelet es un sabio que se ha ocupado asiduamente en llevar a cabo la tarea que Dios ha puesto en manos de los seres humanos, pero sobre todo en manos de los sabios: «este penoso trabajo que Dios dio a los hijos de los hombres para que se ocupen en él» (13). En el versículo 15, como también en el 1.18 y en el 2.14, Qohelet introduce, como para conectar su discurso con la sabiduría tradicional, proverbios que parecen ser lugares comunes (compárese el 1.15 con el 7.13, donde vuelve a aparecer, al menos en parte). Con estos proverbios marca la estructura de sus palabras: vienen al final de cada párrafo, y al mismo tiempo le dan a la pieza un comentario interno. En el caso del versículo 15, esto es algo así como «¡Hay tareas imposibles!».

Qohelet es también un sabio desilusionado, pues al fin de su primera investigación —que en los versículos 16-18 parece haber sido una investigación especulativa y teórica (para mayor claridad, léase «mente» en lugar de «corazón» en los versículos 16 y 17)— sobre el valor relativo de la sabiduría y de «las locuras y los desvaríos» (17), no encuentra más saldo que *re'ut ruaj*: querer atrapar el viento. El versículo 18, aparentemente otro proverbio tradicional, le da a la sabiduría una valoración negativa, al menos en lo que toca a evitarle al sabio sufrimientos y dolores.

Pero desilusionado no quiere decir descorazonado, y en el capítulo 2, Qohelet nos dice que decidió continuar sus investigaciones, pero en una dirección diferente y con nuevos métodos. En otros términos, emprendió una investigación empírica del placer. En el 2.1-2, de acuerdo con lo que hizo en la sección anterior, nos da el resultado primero: «esto también era vanidad», la risa, por sus lazos con la locura, y el placer, por su falta de utilidad. En el versículo 3, en palabras casi cómicas, Qohelet declara su intención de investigar los efectos del vino y de la «necedad» (mejor, locura, disparate o frivolidad), pero bajo el control de su mente (RVR «corazón») y con sabiduría. En el mismo versículo 3, Qohelet nos da la primera pista de la causa de su desilusión: «hasta ver cuál es el bien en el que los hijos de los hombres se ocupan debajo del cielo todos los días de su vida» (3). La última frase es, literalmente, «el número de los días de su vida», es decir, que los días de la vida humana están contados. Este tema, tan brevemente introducido aquí, va a tomar fuerza y llegar a dominar los resultados de la pesquisa de Qohelet.

Además de sabio, el Salomón de las tradiciones de Israel fue también inmensamente rico, es decir, que el programa hedonista de consumo, construcción y adquisición que narra Qohelet en los versículos 4-8 le se le hace posible. (véase 1R 10.14-29, para un ejemplo de esas tradiciones sobre las riquezas de Salomón). Además de adquirir casas, viñedos, jardines, huertos, estanques, rebaños, tesoros e instrumentos de música, Qohelet dice que compró siervos y siervas, cantores y cantoras, y gozó «de los placeres de los hijos de los hombres» (8). Al final del versículo 8, el texto hebreo lleva dos palabras que la RVR no traduce, y que presentan un problema a los traductores, «*siddah wesiddot*». La palabra es femenina, primero en forma singular y después en plural, y aparece únicamente en este lugar. Aunque siempre se ha sospechado lo que significa, en tiempos recientes la evidencia de los textos ugaríticos de Ras Shamra (corroborada por evidencia de la forma correspondiente en el árabe hispánico medieval) prueban que significa «concubina». Como es bien sabido, las tradiciones sobre Salomón, que aparentemente sirvieron de modelo al autor de Qohelet, hablan de sus «trescientas concubinas» (1R 11.3). Sería mejor añadir, al fin del versículo 8, «y muchas concubinas».

Los versículos 9-11 son un resumen de los resultados del experimento empírico de Qohelet: se engrandeció y prosperó, dice, «más que todos cuantos fueron antes de mí en Jerusalén». Tal vez hay una nota de ironía en la última parte del versículo 9, «además de esto, conservé conmigo mi sabiduría», ya que en 1 Reyes 11 es precisamente a causa de sus muchas mujeres que Salomón cae en desgracia ante Dios por idolatría; un sabio como Qohelet diría que Salomón no conservó su sabiduría en sus días finales. Pero aun así, dice Qohelet, y a pesar de los placeres pasajeros de que pudo gozar (10), el saldo final es el mismo, tal como lo dice en el versículo 11: «todo es vanidad y aflicción de espíritu (vana ilusión y perseguir el viento) y sin provecho bajo el sol».

Eclesiastés

En los versículos 12-23, Qohelet continúa su meditación sobre los resultados de sus pesquisas, primeramente recapitulando tres de sus tristes conclusiones preliminares: en el 12, que nada puede hacer el hombre, «sino lo que ya ha sido hecho»; en el 13, que aunque la sabiduría es mejor que la necedad —pues el sabio al menos «tiene los ojos abiertos, mas el necio anda en tinieblas» (otro dicho tradicional)—, eso no cambia el hecho de que ambos van al mismo fin (la muerte); y en el 16, como corolario de lo anterior, que tanto el sabio como el necio han de caer en el olvido cuando mueran. Esto lo lleva a la amarga conclusión que expresa en los versículos 17-23: «aborrecí la vida» (17), «aborrecí todo el trabajo que había hecho debajo del sol» (18), «porque, ¿qué obtiene el hombre de todo su trabajo y de la fatiga de su corazón con que se afana debajo del sol?... esto también es vanidad» (22-23). Si Qohelet hubiera terminado aquí, tal vez el único juicio que se podría hacer sobre su obra sería que fue un gran poeta y sabio que se dejó arrastrar a lo que hoy llamamos la depresión. Sin embargo, en los versículos que siguen (24-26), Qohelet anuncia algo, que si bien no es una solución al problema que hasta aquí ha planteado, por lo menos mitiga sus amarguras. «No hay cosa mejor para el hombre que comer y beber, y disfrutar del fruto de su trabajo (mejor: ‹disfrutar de su trabajo›). He visto que esto también procede de la mano de Dios» (24). En este punto, y en el desarrollo que reciben en el resto del libro de las ideas que aquí esboza Qohelet, se basa el juicio de muchos estudiosos de Qohelet, que el sabio hebreo muestra la influencia del pensamiento de los estoicos, de los epicúreos, o de ambos. Estas escuelas filosóficas griegas tuvieron gran auge en el período helenista y el enfoque temático de Qohelet coincide en ciertos lugares con el de ellos. No se trata aparentemente de influencia directa, sino de lo que Michael Fox ha llamado «paralelos», o sea afinidades de actitud, epistemológicas, de campos de investigación, de cuestiones confrontadas y de los tipos de respuesta que se ofrecen (pero no necesariamente las respuestas en particular)... Entre los paralelos dignos de mencionarse están las afinidades que Qohelet tiene con el epicureísmo, que creía que la experiencia de los sentidos es la fuente primordial y el árbitro del conocimiento, y que afirmaba que el placer (intelectual tanto cómo físico) era el único bien para el ser humano. De mayor importancia es el convencimiento, que Qohelet compartió con los estoicos, de que el bienestar humano solamente se puede alcanzar al conformar la actitudes internas del hombre hacia el mundo, y no con cambiar lo que le es externo. (*Time to Tear Down…* 8, traducción del autor).

Para Qohelet, como veremos inmediatamente, los eventos que se desarrollan en el mundo siguen un plan, y es un plan que Dios ha trazado, pero que el hombre no puede abarcar o comprender.

Todo tiene su tiempo: ¿Pero qué ganancia hay en saberlo? 3.1-15.
Uno de los pasajes mejor conocidos de Eclesiastés es este, o al menos los primeros ocho versículos, que saltan de la página como poesía que conserva su poder aun en las traducciones. El versículo 1 introduce el poema con una simple declaración: todo lo que se hace «debajo del cielo» (la RVR dice «todo lo que se quiere» y es cierto que uno de los significados de *jefets* es «deseo», pero también significa «asunto, negocio», y dado el contenido del poema parece mejor usar este) tiene su tiempo señalado, su hora propia. Lo que sigue en los versículos 2-8 es una lista de eventos que caen en la categoría de tener sus tiempos. La lista se compone de siete versos, cada uno de dos líneas, y en cada línea, dos elementos opuestos. Para cada cual, dice el poema, hay un «tiempo». La palabra *'et*, «tiempo», aparece veintiocho veces y siempre como anáfora, al principio de cada uno de los elementos. En los versos rige el paralelismo: en cada línea los elementos muestran un fuerte paralelismo antitético, y las líneas del verso tienen una relación más o menos clara de paralelismo sintético. El versículo 4, por ejemplo, tiene las antitesis llorar/reír, hacer duelo/bailar, que claramente también se combinan como llorar/reír//hacer duelo/bailar. De la misma manera se pueden analizar los versículos 2 (si arrancar una planta significa matarla), 3, 6 y 8. Los versículos 5 y 7 presentan un problema, pero en ambos casos existe la posibilidad de que al menos una de las líneas representa un uso idiomático o vernáculo de las frases. El comentario rabínico llamado *Qohelet Rabbah*, por ejemplo, que posiblemente date del siglo 8 de nuestra era, explica la primera línea del versículo 5 así: «Tiempo de esparcir piedras: durante el tiempo cuando tu esposa está ritualmente pura; y tiempo de juntarlas: durante el tiempo cuando tu esposa está ritualmente impura» (*Qohelet Rabbah* 3. *siman* 7, traducción del autor). Ese uso de los términos técnicos que

denotan la pureza o impureza que harían posible o no las relaciones matrimoniales encajaría muy bien con la segunda línea del verso, que tiene que ver con abrazar y abstenerse de abrazar, aunque *Qohelet Rabbah* no establece esa conexión.

El poema de los «tiempos» no es todo lo que aquí dice Qohelet. Hay la tendencia de interpretarlo sin leer lo que sigue en los versículos 9-15 por lo menos, que junto con el resto del libro desmienten una interpretación fácil y romántica. El versículo 9 puede considerarse parte del poema, ya que es una variación del estribillo que Qohelet ha usado y volverá a usar: «¿Qué provecho (o ganancia) obtiene el que trabaja en aquello en que se afana?». Dios ha hecho los eventos en sus tiempos, y desde el punto de vista de Dios, todo es «hermoso en su tiempo» (véase el versículo 11). Pero para el humano es demasiado laborioso, es decir, imposible, «comprender la obra hecha por Dios desde el principio hasta el fin», es decir, que el ser humano se encuentra en la penosa situación de pensar que el mundo y lo que en él sucede ha sido ordenado por Dios, y al mismo tiempo saber que la mente humana (RVR «el corazón del hombre») no puede abarcar la eternidad. Qohelet sabe «que todo lo que Dios hace es perpetuo (*le'olam*, lit., «para siempre») y también perfecto: «nada hay que añadir ni nada que quitar» (14). Pero los seres humanos, y sobre todo el sabio, no sacan más resultado de saber esos principios que el temor de Dios.

El ciclo de lo que fue, y es, y volverá a ser se repite eternamente, y es la obra de Dios (15), pero sin que ni Qohelet, ni ningún ser humano, lo pueda abarcar, comprender ni predecir.

¿Somos diferentes de las bestias? 3.16-22

Qohelet comienza esta sección con la observación de que, «debajo del sol», el juicio (*mishpat*) y la justicia (*tsedeq*) se ven suplantados por la maldad y la iniquidad. De esta observación deriva dos conclusiones. La primera es que Dios juzgará al justo y al malvado, quienes, según se ve en este mundo, no han recibido lo que merecen. Es en el período posexílico, y sobre todo en el helenista, que la idea de un juicio, final o después de la muerte, comienza a vislumbrarse en pasajes como este. Tal vez por eso es que Qohelet llega a la segunda conclusión, en la que conecta, a primera vista un tanto insólitamente, su observación de la justicia subvertida del versículo 16, con la que introduce en el 18: la semejanza de los seres humanos a las bestias. La premisa implícita en su razonamiento es que son precisamente *mishpat* y *tsedeq* lo que nos diferencia de las bestias. Si la maldad y el delito han suplantado esas cualidades humanas por excelencia, es porque somos mas semejantes a las bestias que lo que nos hemos creído. Y puede ser justamente por esa razón que Dios lo ha permitido, para que los seres humanos «vean que ellos mismos son semejantes a las bestias» (18). En el versículo 19, como aduciendo prueba de esa semejanza, Qohelet vuelve a su tema de la muerte y sus consecuencias, en este caso la disolución del ser humano y de la bestia en los mismos elementos, polvo, que vuelve al polvo (20), y espíritu, que quién sabe si el de los humanos y el de las bestias terminan en distintos lugares. Como siempre, tal reflexión lo lleva a concluir que «no hay cosa mejor para el hombre que alegrarse en su trabajo, porque esa es su recompensa, porque, ¿quién lo llevará para que vea lo que ha de venir después de él?» (22).

Opresión, envidia, soledad y desilusión política 4.1-16

El capítulo cuatro es una colección de breves observaciones de Qohelet sobre cuatro aspectos de lo que se hace «debajo del sol»: la opresión (1-3), la envidia (4-6), la soledad (7-8) —y su remedio, el compañerismo (9-12)— y el olvido, del que ni la sabiduría puede librar a nadie (13-16). Ante las lágrimas de los pobres oprimidos, que no pueden resistir el poder de sus opresores, Qohelet no tiene más remedio que llegar a la terrible concusión de que mejor están los muertos, y mejor todavía está «el que aún no es, [el] que aún no ha visto las malas obras que se hacen debajo del sol» (3). Su pesimismo ante la realidad recalcitrante de la opresión no puede mitigarse, lo que pone en relieve la esperanza radical que aparece por ejemplo en Lucas 6.20-26, y que Qohelet aparentemente nunca conoció.

En la traducción de la RVR, el versículo 4 dice que «toda obra bien hecha despierta la envidia del hombre contra su prójimo». Como podemos ver por ejemplo en las traducciones de Seow, Fox, Krüger y la NRSV, es posible leer el texto hebreo (que no usa un verbo como «despierta», sino la construcción gramatical que normalmente traducimos «es», y que además no dice «toda obra bien hecha» sino «toda labor [o afán] y todo acierto [o éxito]») en el sentido opuesto a la traducción de la RVR, algo así como «todo afán y todo éxito vienen de la envidia que un hombre tiene por otro (o, su colega)». Alonso Schökel prefiere traducir neutralmente, en forma que puede considerarse estar de acuerdo con un lado o el otro: «toda la fatiga y el éxito en el trabajo es rivalidad y envidia entre compañeros». En todo caso, no parece que Qohelet estimó la competencia como motor de la producción, como la estima la ideología del occidente moderno. «También esto es vanidad y aflicción de espíritu (mejor, ‹perseguir el viento›)» (4). Los versículos 5 y 6 siguen la idea del cuatro, pero no en línea recta. Qohelet parece haber yuxtapuesto dos dichos tradicionales para darle un marco mental a lo que dijo en el versículo 4, que podemos comprender mejor si le anteponemos «por un lado» al 5, y «pero por el otro lado» al 6. Por un lado, el necio que no trabaja «se cruza de brazos», y se muere de hambre: «se consume a sí mismo». Así es que hay que trabajar, pero, por el otro lado, es mejor obtener un puñado con tranquilidad, que dos puñados a base de la envidia y de la competencia, que es afanarse y perseguir el viento, como ya dijo en el 4. La siguiente instancia de «vanidad debajo del sol» (7-8) la encuentra Qohelet en quien, además de ser antisocial, no tiene otro, ni hijo ni hermano, y sin embargo se afana en trabajar y en codiciar riquezas y en eso se consume la vida. A esta breve descripción del avaro solitario, digna de un Charles Dickens, sigue un encomio de la vida en comunidad, o por lo menos en compañía de otro ser humano, en los versículos 9-12. Dos son mejor que uno, pues trabajando juntos, ganarán más —verdad sobre todo en la economía agrícola que conocía Qohelet— y si uno cae, el otro lo levanta, es decir, se ayudan. Qohelet tiene una buena opinión del valor positivo del matrimonio, como lo demuestra después, y aunque lo que sigue vale, como proverbio, para muchas otras situaciones, puede tomarse en primera instancia como una recomendación de la vida matrimonial: «si dos duermen juntos se calientan mutuamente, pero, ¿cómo se calentará uno solo?» (11). En el versículo 12 termina con expresiones proverbiales que dicen en efecto que dos pueden más que uno y que tres unidos son difíciles de vencer.

Finalmente en este capítulo, en versículos (13-16) que presentan algunas dificultades que no se resuelven fácilmente (pues el autor tal vez se refiere a algún evento conocido por sus primeros lectores, pero del cual no nos queda memoria), Qohelet vuelve al tema que ya antes ha abordado: de la llegada al poder, a veces del que menos podría uno imaginar, como el joven pobre pero sabio, que llega a reinar aunque ha estado en la cárcel (¿un disidente, un preso político?) para reemplazar a un rey «viejo y necio que no admite consejos». Ya que representa el cambio, la muchedumbre lo sigue, pero con el tiempo también se desilusionan, tal vez porque el que era joven se ha vuelto viejo y necio, y no admite consejos. «Y esto es también vanidad y aflicción de espíritu».

Cuidado con los votos a Dios 5.1-7

Este pasaje comienza en el texto hebreo con el 4.17, pero en la RVR y otras traducciones se cuenta como el 5.1, ya que claramente pertenece con los versículos que siguen. Las palabras de Qohelet en esta sección no tienen el tono desilusionado de las anteriores, sino son palabras de consejo, en este caso sobre la prudencia en asuntos que tienen que ver con los votos hechos a Dios. Los necios, por supuesto, sirven como ejemplo negativo: por un lado ofrecen sacrificios sin necesidad, o que redundan en el mal (1), y por otro, no los ofrecen después de haberlos prometido (4). En ambos casos obran mal y recibirán castigo. Parece que la causa de esto tiene que ver con los sueños, aunque los versículos 3 y 7, que los mencionan, no están muy claros. El sabio, por el contrario, se cuida en el templo, oye más que habla, no se precipita a hacer promesas y si las hace, las cumple. Así evita que Dios destruya la obra de sus manos. En fin, aconseja Qohelet, «teme (respeta) a Dios» (7).

Poder y riquezas 5.8–6.7

Esta sección del libro contiene una colección de observaciones sobre aspectos de lo que se pudiera llamar la vida económica: desde la necesidad (y el precio que exige en injusticia y opresión) del gobierno para la prosperidad de una nación, hasta las consecuencias personales de la avaricia y del exceso de riqueza.

Los versículos 8 y 9 del capítulo 5, aunque por elípticos son algo difíciles de entender, parecen decir que en la «provincia» (la palabra que usa Qohelet, *medina*, nos pone explícitamente en un contexto imperial, lo que explica su referencia a una jerarquía de autoridades) se hacen evidentes la opresión de los pobres, tal vez por graves impuestos, y la perversión de la justicia, posiblemente a causa de la corrupción. Pero el versículo 9, que en su forma presente en el texto hebreo no tiene un significado suficientemente claro, parece decir que la tierra, para ser cultivada y de provecho para todos, necesita un gobierno, en este caso un rey.

Los versículos 10, 11 y 12 son tres proverbios independientes que expresan un punto de vista convencional sobre tres aspectos de la riqueza: el que ama el dinero por dinero nunca tendrá suficiente; mientras más riqueza, más gastos —más parientes y siervos que mantener— que la hacen disminuir; y mientras el pobre trabajador duerme a pierna suelta, el rico saciado y tal vez preocupado por su riqueza no puede dormir en paz.

En los versículos 13-17 Qohelet vuelve a su acostumbrado repaso de lo que sucede «debajo del sol», en este caso, las riquezas acumuladas para la herencia de un hijo, que se pierden por causa de un mal negocio, o por mala suerte (RVR «mal empleadas»), y al hijo no le queda nada «en la mano». Esto, dice Qohelet, es «un mal doloroso» tanto para el hijo como para el padre, que cuando muere se va tan desnudo como nació, «sin ningún provecho de su trabajo que llevarse en la mano». Qohelet parece querer decir que el padre muere sin la satisfacción de saber que le deja una buena herencia al hijo, «¿y de que le aprovechó trabajar en vano?» (16) y haberse pasado la vida viviendo en miseria y afán por acumular lo que perdió. Qohelet repite, en los versículos siguientes (18-20), su conclusión sobre la ocurrencia «debajo del sol» de tales desastres, aparentemente inmerecidos: «lo bueno es comer y beber, y gozar de los frutos de todo el trabajo con que uno se fatiga debajo del sol todos los días de la vida que Dios le ha dado, porque esa es su recompensa». Lo que hace la actitud de Qohelet diferente de la que condena Isaías en Isaías 22.12-14 es que en ese caso —que Pablo cita en 1 Corintios 15.32— «comamos y bebamos, que mañana moriremos» es lo que pronuncian los habitantes de Jerusalén contra la voluntad del Señor (véase Is 22.12), mientras que Qohelet está seguro de que Dios le da al ser humano las riquezas y también la capacidad de disfrutarlas: «esto es don de Dios» (19), añadiendo que Dios lo hace para que el ser humano no piense demasiado en su mortalidad («los días de su vida», 20) y así pueda alegrar su corazón, al menos mientras Dios se lo permite.

El capítulo seis comienza con versículos que cierran esta sección precisamente considerando el caso de quien recibe de Dios riquezas abundantes, pero no la capacidad de gozarlas (6.1-7), es decir, el caso contrario al anterior. Aquel a quien Dios le ha dado todo (riquezas, bienes y honra, hijos y larga vida), pero no recibe de Dios el don de disfrutarlos, de modo que los disfrutan extraños, mientras él muere insepulto (tal vez a causa de una guerra o de un asalto violento), de manera que vale más si no hubiera nacido (RVR «abortivo», 3). Los dichos proverbiales que forman los versículos 4 y 5 se refieren al ser abortado («este» en el versículo 5), que tendrá mas descanso que el otro («aquel»), que aunque viva dos mil años, «sin gustar del bien» (6), al fin y al cabo termina en el mismo lugar. La sección concluye en el versículo 7 con otro dicho proverbial que expresa la idea de que, aun si uno sufre toda la fatiga y el trabajo que hace para consumir y gozar de sus frutos («para su boca»), su apetito (RVR «deseo») nunca se satisface.

Consejos de un sabio maestro a un aprendiz 6.8–8.9

El 6.8 comienza con la pregunta retórica: «¿Qué más (qué ventaja) tiene el sabio que (sobre) el necio?», que encaja bien con lo que hasta aquí ha dicho Qohelet. La respuesta por supuesto es que la ventaja, si la hay, es que el sabio tiene los ojos abiertos y está consciente de que tanto sabios como necios van al mismo fin en la muerte —como dijo en el 2.14, por ejemplo. La segunda parte del versículo 8 es lo que ha sido llamado un *crux interpretum*, es decir, un texto que presenta tales dificultades que es extremamente difícil o imposible interpretarlo o traducirlo en forma que tenga sentido. La traducción que hace la RVR: «¿Qué más tiene el pobre que supo caminar entre los vivos?» es básicamente correcta (se podría mejorar un poco leyendo el participio *yodea'* como un presente, «que sabe»), pero el problema es que ni con eso se tiene un significado claro. Tal vez pudiera interpretarse como «¿qué ventaja tiene el pobre que sabe comportarse (el verbo ‹caminar› tiene también ese significado) ante los vivientes?», es decir, «¿qué ganancia tiene el pobre sabio en esta vida?» ya que sabio es quien sabe cómo comportarse.

Eclesiastés

Se ha sugerido que el versículo 9, por su contenido, encajaría mejor traspuesto antes del 8 y siguiendo al 7. Bien entendido, el versículo 9 es un proverbio de significado similar a nuestro «más vale pájaro en mano que ciento volando». Son los «deseos vagabundos», como traduce aquí Alonso Schökel, lo que Qohelet condena con su fórmula usual al fin del versículo.

Los versículos 10-12, si los consideramos en conjunto, son una confesión de la impotencia del entendimiento humano —y por tanto, de la sabiduría— de abarcar, comprender y dar consejos sobre el curso de la vida de los seres que están «debajo del sol». El versículo 10 expresa la posición determinista de que todo lo que sucede «ya hace mucho que tiene nombre», y deja entender que ese nombre, es decir, la definición de lo que va a suceder, no está en manos del humano, sino en las de «quien es más poderoso que él», es decir, de Dios. El versículo 11 es un breve aforismo que critica radicalmente la tarea misma que desempeña Qohelet. Usando un juego de palabras sobre dos significados de la palabra *hevel*, dice que mientras más palabras, más «vanidad» (como ya hemos visto, también puede traducirse «ilusiones» o «absurdos») o «más viento (lit., ‹soplo, resuello›)». ¿Para qué sirve la palabrería de los sabios maestros? La respuesta a las dos preguntas retóricas del versículo 12 es ¡nadie!, ya que son «¿quién sabe?» y «¿quién enseñará?». La investigación de lo que debe ser la conducta del ser humano en esta vida, y de lo que ha de suceder «después de él debajo del sol» declara la incapacidad de la sabiduría humana. Eso no quiere decir que Qohelet quede en silencio, como veremos en los capítulos siguientes.

Los primeros seis versículos del capítulo siete —proverbios de forma tradicional, casi todos con la forma «mejor es A que B— aconsejan la sobriedad y seriedad de espíritu que debe tener el sabio. Más que una simple lista de proverbios sobre un mismo tema, estos versículos pueden ser vistos como un poema unificado por referencia a dos imágenes opuestas: «la casa del luto» y «la casa donde reina la alegría», es decir, la casa de fiesta (4). Vista de ese modo, la primera línea del versículo 1, que dice que «la buena fama (nombre)» es mejor que «el perfume», encaja mucho mejor como paralelo de la segunda línea «y mejor el día de la muerte (las honras fúnebres, en las cuales el buen nombre del difunto se esparce) que el día del nacimiento (celebrado con un festín, en el cual se difunde el perfume con el que se agasaja a los invitados)». Esto lleva directamente al versículo 2, en el cual se nombran las dos «casas», la de luto y la del banquete, y se da la razón por la cual es mejor ir a la primera que a la segunda —razón que continúa en los versículos 3 y 4—, «porque aquello es el fin de todos los hombres, y el que vive lo tendrá presente en el corazón (la mente)» (2): ¡*memento mori*! El sentimiento es el mismo que expresó Jorge Manrique en sus *Coplas por la muerte de su padre* (1476):

> Recuerde el alma dormida
> avive el seso y despierte
> contemplando
> cómo se pasa la vida,
> cómo se viene la muerte
> tan callando;
> cuán presto se va el placer,
> cómo, después de acordado,
> da dolor;
> cómo, a nuestro parecer,
> cualquiera tiempo pasado
> fue mejor.

Es por esa razón, dice Qohelet, que «el corazón de los sabios está en la casa del luto, mas el corazón de los insensatos, en la casa donde reina la alegría» (4). Sin dejar la imagen, pero con un enfoque un poco distinto, los versículos 5 y 6 comparan lo que se oirá en un lugar: «la represión (o amonestación) del sabio» con lo que resuena en el otro: «la canción de los necios», comparando la risa del necio al chisporrotear de los espinos en el fogón: es decir, de poco valor. Y eso, vuelve a decir Qohelet, es vanidad (6).

Lo que sigue es de carácter mas misceláneo, pero continúa con el tono de una serie de consejos a un discípulo: ya veremos como en el versículo 9 Qohelet vuelve a hablar en segunda persona, dirigiendo sus palabras directamente al lector. Además de esto, es difícil encontrar un tema central y se hace necesario interpretar la mayoría de los versículos restantes en el capítulo siete individualmente. El versículo 7 condena el soborno (Fox indica la semejanza de esta máxima con Ex 23.8 y Dt

16.19), cosa a la que los sabios estaban expuestos cuando servían en capacidad de jueces. La «opresión» puede referirse a la injusticia que comete el juez comprado —lo que lo torna de sabio en necio o loco— y la segunda línea del versículo refuerza este significado: «y las dádivas (mejor, ‹los sobornos›) corrompen el corazón (mejor, ‹su mente›).» El versículo 8 contiene dos proverbios de la forma «mejor es A que B». El primero, «mejor es el fin del negocio (o asunto) que su principio», puede verse como una recomendación de paciencia hasta ver cómo se puede resolver algo, y en ese caso el segundo, que dice que es mejor ser indulgente (RVR «sufrido de espíritu») que ser arrogante (RVR «altivo de espíritu»), indica la manera en que el sabio debe llevar a cabo una negociación, por ejemplo. En ese caso, el versículo 9, con su advertencia contra ser rápido para enojarse —característica de los necios— cabe bien en este lugar, como otro consejo sobre la buena forma de llevar a cabo relaciones comerciales, legales o diplomáticas.

El versículo 10 trae de nuevo a la mente la copla de Manrique citada previamente, y niega que haya provecho en preguntarse «cómo a nuestro parecer, cualquiera tiempo pasado fue mejor». Si la sabiduría tiene algún provecho, parece decir, es para iluminar el presente. Ni el pasado ni el futuro le están abiertos. Los versículos 11 y 12 reconocen que tener herencia (patrimonio, dinero) junto con sabiduría (RVR «ciencia») es cosa «provechosa para los que ven el sol» es decir, para los seres humanos mientras viven, pues tanto la sabiduría como el dinero son «sombra» (RVR «escudo», es decir, protegen al ser humano), pero la sabiduría es mejor, «porque da vida a sus poseedores». El 13 y el 14 aconsejan que, ya que lo que Dios hace no se puede cambiar, es mejor gozar del bien, y usar «el día de la adversidad» para reflexionar. La razón es típica del pensamiento de Qohelet: Dios ha creado tanto el bien como la adversidad «a fin de que el hombre no sepa qué trae el futuro». El versículo 18 parece estar fuera de lugar donde está, y algunos han sugerido que encaja mejor aquí, siguiendo inmediatamente al 14. Así, la referencia a «esto» y «aquello», que el 18 aconseja recibir igualmente «porque el que teme a Dios saldrá bien de todo», es al bien y a la adversidad de los versículos 13 y 14.

Si se hace ese cambio de lugar del versículo 18, los versículos 15-17 y 19-20 claramente tienen como tema el equilibrio de la justicia y de la maldad, de la sabiduría y de la necedad. Qohelet comienza con la observación de que, en los días de su «vanidad» (que como hemos visto equivale a sus días «bajo el sol», o en el mundo de los asuntos humanos), «justo hay que perece pese a su justicia, y hay malvado que pese a su maldad alarga sus días» (15). El consejo de Qohelet, sorprendente a primera vista, es que no se debe ser demasiado justo, ni sabio en exceso» (16) y, tal vez más sorprendente, que no se debe querer «hacer mucho mal» (17). En estos dos versículos añade también razones para lo que aconseja. Tratar de ser demasiado justo, o sabio, puede llevar a la destrucción; Alonso Schökel especifica la destrucción económica: «¿para qué arruinarse?», mientras que Fox prefiere la mental: «a no ser que quedes desconcertado» («*lest you be dumbfounded*»). Y querer hacer mucho mal, además de ser «insensato», acorta la vida. Sin embargo, Qohelet ya dijo en el versículo 15 que las consecuencias no son siempre las esperadas. Ahora añade dos aforismos, en los versículos 19 y 20, que en forma un poco oblicua extienden la discusión: por un lado, la sabiduría es valiosa, ya que «fortalece al sabio más que diez (guerreros) poderosos que haya en una ciudad», mientras que por el otro, Qohelet reconoce que «no hay en la tierra hombre tan justo, que haga el bien y nunca peque».

Los versículos 21 y 22 cambian el tema para aconsejar la discreción de no hacerle caso —o de no tratar de oír— lo que se dice, pues puede ser que uno oiga lo que no quiere oír. El texto dice «para que no oigas a tu siervo cuando habla mal de ti», pero podemos tomar eso como un ejemplo y no como el caso único. La razón que ofrece Qohelet nos lleva de nuevo a lo que dijo en el versículo 20: «porque sabes que tú también hablaste mal de otros muchas veces»; es decir, que hasta el más justo ha pecado.

Los últimos versículos del capítulo siete (25-29) nos dan una imagen de Qohelet, el sabio, en un momento difícil en su vida intelectual. Su propósito de ser sabio, nos dice en el 23, lo ha llevado a la frustración... «La sabiduría se apartó de mí». Se confiesa incapaz, en el 24, de remontarse hasta los orígenes de las cosas, «ya está lejos lo que fue, y profundo, profundo, ¿quién lo hallará?» (RVR dice «y lo muy profundo...»). Sin embargo, sabio de veras, en el 25 nos dice que se dedicó entonces a una nueva investigación. Lo que dice puede expresarse un poco más claramente que como lo hace la RVR: «Torné yo con mi mente a saber y a descubrir y a buscar sabiduría y reflexión para conocer la maldad y la insensatez y el desvarío [y] el error»; es decir, que su sujeto de investigación va a ser precisamente lo que es contrario a la sabiduría, y eso no está ni lejos ni demasiado profundo, sino que se encuentra dondequiera.

La primera conclusión que nos presenta Qohelet es francamente un problema. Después de la introducción que vimos en los versículos anteriores, el 26 nos presenta un misoginismo decepcionante. Tal vez si este versículo —que pronuncia «más amarga que la muerte» a la mujer, y que la identifica como una trampa de la que solamente por la gracia de Dios se puede librar el hombre—, se pudiera interpretar metafóricamente, sería posible llegar a otro juicio. Los versículos 27 y 28, sin embargo, hacen imposible pensar que Qohelet se refiera a una figura simbólica cuando habla de la mujer en el 26. Buscando con cuidado laborioso, «pesando las cosas una por una para dar con la razón de ellas», dice que «un hombre entre mil he hallado, pero ni una sola mujer entre todas» (28). No es un juicio positivo de los hombres, pues de mil solamente uno llega a ser el ideal de sabiduría y justicia que busca Qohelet; pero acerca de las mujeres su juicio es peor: ¡ni una! La conclusión a la que llega en el versículo 29 entonces, es tal vez un comentario sobre su propio proceso de investigación, que lo ha llevado a un resultado tan pesimista: «Dios ha hecho al ser humano (*'adam*, RVR ‹hombre›) recto, pero ellos se han buscado (*vehemmah biqeshu*, RVR ‹él se buscó›) muchos recuentos (*jishshebonot*, RVR ‹perversiones›). Dios sabe lo que ha hecho, pero a Qohelet no le sale la cuenta, cuando de juzgar a la humanidad se trata.

El capítulo ocho comienza con versículos que encomian la sabiduría y elogian al sabio, con un trasfondo de la función del sabio en la corte del rey, y consejos al joven discípulo sobre cómo comportarse en esa situación. Las dos preguntas retóricas con las cuales comienza esta sección, en la primera mitad del versículo 8, cambian el tono del capítulo anterior: ¡no hay nadie como el sabio, que sabe dar la interpretación de las cosas! Desde José hasta Daniel, por ejemplo, tenemos en el Antiguo Testamento historias de sabios que supieron dar la interpretación de un sueño o una visión al rey, y así hicieron avanzar sus carreras. La sabiduría se le ve en la cara al sabio, continúa el versículo, remplazando el semblante tosco de la ignorancia. Pero Qohelet le advierte al joven discípulo que debe mantenerse en su lugar: le ha jurado obediencia al rey, y del rey es mandar, como el de él es obedecer (2). En el versículo 3 podemos imaginar una situación en la que la opinión del joven consejero y la del rey no están de acuerdo. Qohelet le dice: ni te salgas apresuradamente de su presencia, ni persistas en lo que el rey ha rechazado como una mala idea, pues el rey hace lo que quiere, su palabra es ley y nadie puede contradecirlo (4). Al mismo tiempo, el sabio ha de saber «cuándo y cómo» cumplir el mandamiento del rey (5), «porque para todo lo que quieras hay un tiempo y un cómo» (6). Parece como si Qohelet hubiera sido con el transcurso de los siglos, autor intelectual del «acato pero no cumplo» con el que muchas de las leyes promulgadas en España fueron recibidas por los gobernadores de la América colonial.

En la segunda mitad del versículo 6, y hasta el 9, reitera Qohelet su visión negativa de la posibilidad de tener certeza de lo que va a suceder, pues subvierte lo que ha acabado de decir, que para todo lo que el sabio quiere «hay un tiempo y un cómo» cuando añade que el gran problema es que el humano no puede saber ni lo que va a ocurrir, ni cuándo (6 y 7). Habiendo dicho eso, es de esperarse que continúe con el otro tema que siempre sigue a este: el humano tampoco controla el aliento de la vida, ni la hora de su muerte, ni puede librarse de la guerra (según la RVR, «armas»). La última frase, «ni la maldad librará al malvado», que literalmente dice «ni la maldad librará a su dueño» no tiene sentido, y con una pequeña enmienda (*resha'*, «maldad» se cambia en *'asher*, «felicidad, fortuna») se puede leer «ni la fortuna a su dueño». Todo esto lo ha visto Qohelet, dice en el versículo 9, y ha puesto su mente (según la RVR, «corazón») «en todo lo que se hace debajo del sol» y especifica el caso «cuando el hombre (mejor, ‹ser humano›) se enseñorea del hombre (‹ser humano›) para hacerle mal (lit., ‹para mal suyo›)».

Qohelet aplica sus enseñanzas 8.10–11.8

En el resto del capítulo 8 (10-17), se repite el esquema ya familiar de una observación de algo que sucede en el mundo en contravención de las leyes de la sabiduría (en este caso, «inicuos sepultados con honores» en los versículos 10-13 y justos que sufren como malvados y malvados premiados como justos en el 14); una declaración de que esto es «vanidad» o absurdo (14); una conclusión de que lo mejor que se puede hacer ante eso es «comer, beber y alegrarse» mientras se vive (15); y un resumen en el que Qohelet proclama sus labores intelectuales y la conclusión que ha obtenido de ellas: el ser humano no puede comprender las obras de Dios ni lo que se hace debajo del sol.

Los primeros diez versículos del capítulo 9 continúan y amplifican el pensamiento del 8.10-17. El 9.1 es una continuación directa de 8.16-17, y Qohelet continúa con los resultados de su investigación: convencido por un lado de que «los justos y los sabios, y sus obras están en la mano de Dios» pero, por el otro, de que no pueden saber si lo que tienen por delante es amor o es odio; es decir, que Qohelet acepta la idea de que al ser humano no le es posible saber si lo que sucede es recompensa o castigo de parte de Dios. Si en los versículos anteriores el problema para Qohelet fue la inversión de los resultados esperados de la acción humana, continúa en los versículos 2 y 3 con una situación relacionada pero variante: la falta de diferencia en lo que sucede a unos y a otros, pues «lo mismo les ocurre al justo y al malvado, al bueno, al puro y al impuro, al que sacrifica y al que no sacrifica; lo mismo al bueno que al pecador, tanto al que jura como al que teme jurar». El hecho de que «un mismo suceso acontece a todos» menoscaba el concepto central de la ética sapiencial, que predice un enlace causal entre la vida sabia y justa y la recompensa, y entre la vida necia y malvada y el castigo, y afirma que tal castigo o recompensa será evidente en este mundo. Es, podemos decir de paso, otro aspecto del problema que inspiró al autor del libro de Job. Para Qohelet, eso es un mal que infecta «todo lo que se hace debajo del sol», y si bien podemos suponer que el sabio estaría de acuerdo que las calamidades generales —hambrunas, epidemias, huracanes, terremotos— caen en esta categoría, vuelve a la calamidad individual que es la mayor y la más inexplicable de todas: después de una vida llena de mal y de insensatez, todos los seres humanos «se van con los muertos». Si bien en el versículo 4 Qohelet deja ver una chispa de que «mientras hay vida hay esperanza», y otra de «mejor perro vivo que león muerto», la oscuridad del destino humano se cierra completamente en el 5, donde dice que los que viven tienen la ventaja, si así podemos llamarla, de saber que van a morir, mientras que los muertos no saben nada, y sus memorias, sus amores, sus odios, sus envidias, todo lo que fueron, desaparece eternamente, «y ya nunca más tendrán parte en todo lo que se hace debajo del sol».

Los versículos 7-10 son una nueva y elocuente reiteración del remedio —o del calmante— que es el único que ofrece Qohelet: goza de la vida, mientras estás en ella. Debe decirse que Qohelet no es un hedonista desenfrenado: lo que propone, aquí como siempre, es el disfrute de los placeres de una vida tranquila y normal, aparentemente una vida en relación matrimonial monógama y permanente (9). Esa, dice, «es tu recompensa en la vida, y en el trabajo con el que te afanas debajo del sol». Así que lo mejor es hacer lo que se presente en la vida con toda energía —y aquí vuelve a su visión pesimista— «porque en el Seol, adonde vas, no hay obra, ni trabajo, ni ciencia, ni sabiduría» (10).

Los versículos 11 y 12 vuelven al tema de la falta de correspondencia entre las buenas cualidades que pueden tener los seres humanos y los resultados de sus acciones, pues Qohelet ha visto, «debajo del sol», a los veloces perder la carrera, a los fuertes perder la guerra, a los sabios perder el sustento, a los prudentes (mejor, «expertos») perder la fortuna, y a los elocuentes (mejor, «que saben») perder el favor. ¿Y por qué? Porque, dice Qohelet, «el tiempo y la ocasión» (11) lo controlan todo, y «el hombre tampoco conoce su tiempo» (12), terminando con la imagen de los seres humanos atrapados «por el tiempo malo, cuando cae de repente sobre ellos», como peces en la red o aves en una trampa.

En los versículos 13-18, Qohelet ofrece una anécdota que le «parece de gran sabiduría». Se trata de un sabio pobre (la palabra aramea que usa Qohelet es *misken*, de la cual viene, por medio del árabe hispano, nuestra plabra «mezquino») que salva, por medio de su sabiduría, la pequeña ciudad donde vive, sitiada por un rey poderoso y su gran ejército. De acuerdo con la forma gramatical (activa, no pasiva como en la RVR) del verbo en el versículo 15, el rey encontró al pobre sabio, y el sabio, por su sabiduría —que debe haber persuadido al rey— salvó a la ciudad. «¡Y nadie se acordaba de aquel hombre pobre!». Qohelet añade una moraleja en el versículo 16, «mejor es la sabiduría que la fuerza», aunque en forma típica, añade: «aunque la ciencia del pobre sea menospreciada y no sean escuchadas sus palabras». Qohelet se

Eclesiastés

refiere a situaciones parecidas tan a menudo, que da a pensar que tal vez habla por experiencia propia. También, en los versículos 17 y 18a, añade dos aforismos que se relacionan al tópico: el primero no necesita explicación si lo ponemos ante el trasfondo de una corte, en la cual el rey, u otro poderoso gobernante, expresa a voces sus juicios y opiniones entre los necios aduladores que no lo contradicen, mientras que el sabio, en «palabras serenas», es quien dice la verdad, o lo que es prudente hacer. El segundo es otra versión de la moraleja del versículo 16, pero remplaza «la fuerza» con el equivalente «las armas de guerra».

La segunda parte del versículo 18, «un solo error (mejor, ‹ofensa, pecado›) destruye mucho bien», encaja mejor por su significado con el primer versículo del capítulo 10. Este bien conocido versículo empieza con la frase «las moscas muertas», que literalmente es «las moscas de muerte», llevando a algunos comentaristas a sugerir que el significado es algo como «las moscas venenosas», pero eso no tiene más sentido que la traducción más usual. El «perfume» es literalmente «el aceite», es decir, el ungüento a base de aceite que se usaba para los perfumes en la antigüedad. El significado está bien claro, y es equivalente a lo que dice el 9.16b. La segunda parte del 10.1, al contrario, es un lugar oscuro en el texto hebreo, difícil de traducir exactamente tal como está. Alonso Schökel traduce «un poco de necedad pesa más que la sabiduría y la gloria», y la NRSV dice más o menos lo mismo en inglés, mientras que la RVR dice: «así es una pequeña locura al que es estimado como sabio y honorable». Para traducir el versículo 2 correctamente, hay que recordar dos cosas: primera, que *lev* significa corazón, pero frecuentemente connota el significado de lo que nosotros llamamos mente. Segunda, que la derecha es la mano o dirección feliz, acertada, afortunada, de buena suerte, y que la izquierda es exactamente lo contrario. Si recordamos esas dos cosas, podemos evitar traducir, con la RVR, que «el corazón del sabio está a su mano derecha, mas el corazón del necio a su mano izquierda» —lo que parece erróneo anatómicamente— y decir que «la mente del sabio es acertada; la mente del necio yerra», o como lo hace Alonso Schökel, «la mente del sabio piensa rectamente, la mente del necio piensa torcido». El necio, dice el versículo 3, hasta cuando anda por el camino, es decir, en las acciones más simples y ordinarias de la vida, proclama con su falta de sentido común (RVR «cordura», literalmente «falta de corazón») que es necio. Volviendo brevemente al tema del 8.3-4 y del 9.17, Qohelet aconseja calma y mansedumbre cuando el gobernante se enoja con el sabio: así se calma la ira del príncipe. En los versículos 5-7, el autor pronuncia otra de sus declaraciones de un «mal debajo del sol». En este caso se trata de la situación en la que el príncipe exalta a un siervo necio sobre los otros miembros de la corte, y llega hasta el punto en que el siervo cabalga, mientras que el príncipe va a pie. Esto es seguramente una imagen que simboliza la usurpación o la abdicación de la autoridad en forma indebida.

El resto del capítulo 10, y el capítulo 11, son una colección mixta de consejos en forma de aforismos y proverbios, organizados alrededor de una variedad de temas. En el 10.8-11 el tema parece ser la responsabilidad personal por lo que uno hace (en el 8 y 9 las imágenes son de trabajos peligrosos que por lo tanto se deben realizar con cuidado: cavar fosas, echar abajo una cerca de mampostería seca, picar piedras, partir leña —todos tienen sus peligros, y quien lo hace los debe conocer. Igualmente, en el 10, la imagen es de un hacha que, con el hierro embotado y sin filo, requiere más esfuerzo (y es un peligro usarla, aunque Qohelet no lo dice). Saltando por el momento al último versículo de este grupo, el consejo es simple: si la serpiente muerde antes de que el encantador venga a encantarla, de nada sirve el encantador. «Lo provechoso» dice el sabio, «es emplear la sabiduría» que, resumiendo, consiste en saber los peligros a los que se expone quien emprende una tarea, y estar prevenido, en tener las herramientas necesarias en buenas condiciones para llevarla a cabo, y en no esperar a que suceda un contratiempo para tratar de ponerle remedio cuando ya es demasiado tarde.

El siguiente grupo de versículos, 12-15, tiene que ver con el necio, y específicamente con el mal uso que los necios hacen de sus palabras. El sabio, por supuesto, usa las suyas bien: tienen gracia. Pero por el contrario (y aquí Qohelet usa una graciosa imagen), los labios del necio se lo tragan, es decir, lo consumen. El refrán nuestro, «por la boca muere el pez», tiene un significado parecido. El necio se perjudica a sí mismo cada vez que abre la boca, ya que como dice el versículo 13, sus palabras comienzan en necedad, y terminan en ciega maldad

Eclesiastés

(RVR «nocivo desvarío). Pero eso no hace que el necio calle, sino que sigue hablando, sin saber, como no lo sabe nadie, lo que va a suceder en el futuro (14). Al necio lo cansa el trabajo porque no sabe ni «por dónde ir a la ciudad», es decir, por su incompetencia ignorante.

Los versículos 16 y 17 son un lamento (un ¡Ay!) y un macarismo (una bienaventuranza) paralelos, dirigidos a una nación («tierra») y describiendo situaciones de gobierno contrarias. ¡Ay de la tierra cuyo rey es un muchacho (*na'ar* también puede significar siervo) y cuyos príncipes empiezan a banquetear por la mañana! ¡Bendita la tierra cuyo rey es un noble y los príncipes comen a su hora, para ganar fuerzas, y no para beber! La falta de autoridad, de orden y de temperancia entre los gobernantes en el primer caso arruina el país. En el caso contrario, el país prospera. El versículo 18, en forma de proverbio, puede aplicarse a lo anterior, o a un ámbito mucho mas amplio: la pereza y el descuido por parte de los que deben ser responsables, llevan a la ruina, y esto puede suceder lo mismo en una casa que en una nación. Aparentemente, el versículo 19 se refiere a esos irresponsables que tienen por regla principal hacer banquetes para gozar y reír, beber vino para alegrarse la vida, y creer que con dinero todo se resuelve, mientras se cae el techo y empiezan las goteras en la casa (18).

El versículo 20, con el que termina el capítulo 10, aconseja la disciplina de nunca maldecir al rey, o a los poderosos, ni en lo más íntimo y privado, porque siempre hay la posibilidad de que se enteren. Como todavía decimos proverbialmente, «se lo dirá un pajarito».

El capítulo 11 es corto, con diez versículos, pero trata una variedad de asuntos. Los versículos 1 y 2 aconsejan una generosidad providente, una actitud de dar a cuantos lo necesiten, sabiendo que uno puede algún día necesitar ayuda. Así, el pan echado sobre las aguas será hallado, o devuelto, al mucho tiempo, y se debe repartir «a siete, y aun a ocho» (la fórmula «n, n+1» de los dichos numéricos, véanse por ejemplo Pr 30.15b-16; 18-19; 21-23; 29-31) «porque no sabes qué mal ha de venir sobre la tierra».

El versículo 3 observa que hay ciertas cosas evidentes e indiscutibles —que las nubes llenas de agua derraman lluvia, que donde cae un árbol cortado, allí queda— pero el 4 advierte que quien se pone a buscar demasiada certeza de lo que va a suceder acaba por no hacer nada. Vigilando el viento (que puede esparcir la semilla donde no conviene) no siembra, y vigilando las nubes (que pueden traer lluvia y estropear la cosecha), no siega. En los versículos 5 y 6, Qohelet añade su nota característica de escepticismo: no podemos saber ni por dónde le viene el aliento a los huesos de un niño en el vientre de su madre, ni nada más sobre la obra de Dios. Pero, característicamente, tampoco quiere que eso sea obstáculo a la acción necesaria: «por la mañana siembra tu semilla, y a la tarde no dejes reposar tus manos». La razón es precisamente que no sabemos lo que va a venir (6). Una cosa sabe bien Qohelet, y la repite en los versículos 7 y 8: la luz del sol —imagen de la vida— es bella y placentera, pero nadie debe olvidar, aun mientras goza de muchos años en esa luz, que «los días de tinieblas serán muchos, y que todo cuanto viene es vanidad».

El sabio anciano se dirige al joven 11.9–12.8

En los dos últimos versículos del capítulo, Qohelet se dirige al «joven» (*bajur*), a quien continuará dirigiendo sus últimas palabras en el capítulo 12. Con estos dos versículos, el autor está preparando la escena para la conmovedora descripción poética de la vejez y de la muerte, dirigida por el anciano a su joven discípulo, con la que van a terminar las palabras del viejo sabio. Su consejo es el mismo que ha dado a través del libro: goza y alégrate durante tu juventud, disfruta de los placeres que te proveerán «tu corazón y la vista de tus ojos», pero sin olvidar que Dios te va a juzgar sobre todo esto, y sobre todo libra tu corazón de enfado (RVR «enojo») y aparta lo malo (RVR «el mal») de tu carne (o cuerpo), «porque la adolescencia y la juventud son vanidad» —es decir, son una ilusión pasajera.

El poema que contienen los versículos 1-8 del capítulo doce, con el que terminan las palabras de Qohelet, es una de las obras maestras de la poesía bíblica. Después de una breve introducción en el versículo 1, en la que le dirige al joven el consejo del 8.9, acuérdate de tu Creador mientras dure tu juventud, el poeta dedica los versículos 2-7 a una detallada imagen poética de los estragos de la vejez que avanza sobre el ser humano, hasta que llega la hora final. Ya Qohelet le ha dicho al joven lo que repite tantas veces en el libro: la realidad ineludible y universal de la muerte es lo único que puede dar por cierto un ser humano, y es también lo que lo lleva tantas veces a juzgar que todo es «vanidad de vanidades». Pero Qohelet ha sido también un sabio cuyo método, nos dijo desde el principio, es el de la observación empírica; y aquí, en las imágenes de su poema final, nos deja saber lo que observa en su propia vejez, que le anuncia su muerte. Qohelet le aconseja a su joven discípulo que se acuerde de su Creador antes que lleguen los años en los cuales se encuentra él, y entonces describe en detalle, pero mediante imágenes poéticas, los resultados del proceso de envejecimiento. Esta interpretación ha sido la preferida por la mayoría de los comentaristas, y ya se encuentra en antiguos comentarios rabínicos como *Qohelet Rabbah*. Podemos estar seguros de que Qohelet hubiera sido el primero en decir, de sus años de vejez, «no tengo en ellos contentamiento», pero la manera en que habla de su vejez, como él la ha observado, nos hace también pensar que la percibió como uno más de los actos de Dios, y que vio en ella una belleza crepuscular que pudo verter en las imágenes que usó para describirla. Fox provee una lista de las principales interpretaciones que se han dado a los detalles de esta alegoría de la vejez, pero por sí no la acepta, sino que prefiere ver en estos versículos (después del 1) una alegoría de la muerte. No hay más que recordar que un poeta como el autor de Qohelet fue capaz de hacer uso del carácter polisémico del lenguaje poético, para concluir que una interpretación no excluye la otra. En lo que sigue, por lo tanto, no trataré de darles a las imágenes un significado tan específico como lo hace, por ejemplo, *Qohelet Rabbah*, sino sugerir un campo de significación más amplio.

Las imágenes del versículo 2 son todas relativas a la pérdida de la luz: «el sol y la luz, la luna y las estrellas» sugieren la obra de Dios en la creación del mundo del que el poeta siente que pronto va a partir, y el nublado permanente de las nubes que regresan tras la lluvia sugiere la penumbra final de la vida, que el sabio tantas veces llamó «bajo el sol». En el 3 comienza una serie de imágenes que comparan partes o funciones del cuerpo humano al personal, partes o actividades de una casa: los guardias, los hombres fuertes (sirvientes), las sirvientas que molían el grano para hacer el pan diario, las damas de la casa «que miran por las ventanas», tal vez para supervisar y dar orden al trabajo, las puertas de afuera, el molino (3-4). Pero detrás de las identificaciones individuales de cada imagen que tantos han sugerido (los guardias son los brazos, los sirvientes fuertes las piernas, las sirvientas fuertes las piernas, las sirvientas que trituran las muelas, etc.) debemos ver la imagen general de una institución u organismo que va perdiendo sus funciones de defensa, de producción, de provisión de sus necesidades, de gobernarse, es decir, su autonomía. La idea general en el versículo 4 es la pérdida de la comunicación, presentada en una serie de imágenes que se relacionan sobre todo al sentido del oído, y el poeta comunica con esto un sentido de aislamiento creciente, que extiende en el versículo 5 al progresivo temor de las alturas y de los peligros del camino, lo que hace difícil y hasta imposibilita el movimiento libre de antes. El almendro tiene flores blancas, y un almendro florecido es una buena imagen para describir una persona «blanca en canas». Pero, a pesar de que esta interpretación del versículo 5 es casi universal (5), debemos tener cuidado al pensar que esto es lo que significa, o todo lo que significa. La distancia temporal y la diferencia cultural que nos separan del poeta se hacen sentir en esta y las dos siguientes frases, que literalmente se refieren al almendro, a la langosta (el insecto, no el crustáceo) y a la alcaparra. Las palabras están claras, lo que no sabemos son las connotaciones que pueden haber tenido, además del árbol, el insecto y el arbusto conocidos. En general, la opinión de los comentaristas (y de los traductores, como los de RVR, que traducen la última frase «y se pierda el apetito», pero añade en una nota al pie que otra traducción «posible» es lo que dice literalmente el texto, «la alcaparra no servirá para nada», antes de aclarar que la alcaparra se consideraba un afrodisíaco) es que las dos últimas frases se refieren a la pérdida de potencia y deseo sexual. Si es así, puede ser que el poeta hace culminar su lista de referencias al progresivo aislamiento que trae la vejez con la pérdida del más íntimo de los vínculos humanos. La llegada de la muerte se anuncia, en la línea final del 5, con la creciente frecuencia —o así le parece al anciano poeta— de los funerales, sobre todo, se puede suponer, de los funerales de familiares, amigos y colegas de su misma generación, lo que también contribuye a su aislamiento y soledad. Los versículos 6 y 7 presentan la muerte en una serie de imágenes poderosas precisamente por lo que sugieren: la pérdida de una vida preciosa (la cadena de plata, el cuenco de oro) y de gran utilidad (el cántaro en la fuente, la polea en el pozo) al disolverse el individuo que la vivió, volviendo el polvo a la tierra y el espíritu a Dios. Qohelet nos hace sentir el gran costo de esa disolución más poderosamente que Génesis 3.19. Es tal vez por eso que termina el versículo 8 con su lema triste: ¡Vanidad de vanidades, todo es vanidad!

Eclesiastés

Epílogo y reseña 12.9-14.
Pero el libro no termina con el final de las palabras de Qohelet. No está claro quién añadió la nota que contienen estos versículos. Es posible que haya sido un editor (o editores) tratando de defender el libro de las acusaciones de impiedad que sabemos le fueron hechas antes de que entrara a formar parte de los «Escritos» (*ketuvim*) del canon rabínico. Es posible, también, que el autor haya sido el mismo que creó a Qohelet, el personaje que nos habla en el libro, y que aquí nos habla en su propia voz, o por lo menos en otra voz, para convencernos a que le prestemos atención a Qohelet, a pesar de las duras cosas que ha dicho.

Los versículos 9 y 10 hacen un resumen de la carrera de Qohelet como sabio maestro, y las muchas cosas útiles que hizo, sobre todo que «procuró... hallar palabras agradables y escribir rectamente palabras de verdad», es decir, este libro. En los versículos 11 y 12, como para explicar las dificultades que presenta el libro, habla de las palabras de los sabios en su carácter de acicates, dolorosos a veces, pero necesarios para la instrucción. La expresión que el versículo 11 traduce «las de los maestros de las congregaciones» debe entenderse más bien como «de los maestros de colecciones» (es decir, de colecciones de proverbios, como Qohelet), y así el versículo dice: «Las palabras de los sabios son como acicates, y como aguijones (clavos) hincados por un pastor (de ovejas) las de los maestros de colecciones» (autores de libros como este). El 12 advierte al estudiante a no dejarse llevar por estas obras más allá de lo debido: «A más de esto, hijo, sé amonestado (¡cuídate!): De hacer (escribir) libros no hay fin (*qets*, que quiere decir «final», y no "objeto")» y «el mucho estudio es fatiga para el cuerpo».

Los dos últimos versículos sí parecen haber sido escritos por otro editor. No es que contradigan lo que se dijo en los versículos anteriores (9-12), sino que van en otra dirección. En vez de aconsejar la cautela intelectual como antídoto a una intoxicación provocada por la visión pesimista de Qohelet, aconsejan refugiarse en la piedad religiosa, con palabras dignas de los autores de Proverbios... «Teme a Dios y guarda sus mandamientos, porque esto es el todo del hombre» (13). Eso es un buen consejo que los maestros de la sabiduría tradicional hubieran aprobado, pero es dudoso que Qohelet lo hubiera aceptado como «el fin de todo el discurso que has oído». Dios, por supuesto, traerá toda obra a juicio, y sabrá juzgar todas las cosas ocultas, pero para Qohelet ese es precisamente el gran problema. Dios sabe y juzga. Pero el humano, hasta el más sabio, no puede saber, y mucho menos menos juzgar, lo que hace en su breve vida bajo el sol.

Capítulo 4
Cantar de los Cantares

Introducción

Título

Con Proverbios y Eclesiastés, este es uno de los tres libros canónicos que la tradición de Israel adscribió a Salomón, ninguno de los cuales proviene de la pluma del hijo de David (entre los libros apócrifos, o deuterocanónicos, que son parte del Antiguo Testamento en las biblias católicas romanas y ortodoxas, se incluye uno más, el llamado *Sabiduría de Salomón*). La tradición que hizo de Salomón el patrono de la literatura sapiencial se encuentra ya implícita en el texto bíblico. Debe haber habido una rica tradición oral de la que relatos escritos como los del «Juicio de Salomón» en 1 Reyes 3.16-28, o el de la «Visita de la Reina de Sabá» en 1 Reyes 10.1-13, son solamente una muestra. Y por supuesto, tanto en 1 Reyes 3.3-15 como en 2 Crónicas 1.1-13 podemos leer el relato de la sabia respuesta que el joven Salomón, a punto de subir al trono, le dio a Dios cuando este le dijo: «Pide lo que quieras que yo te dé» (1R 3.5). Salomón pidió sabiduría para gobernar bien al pueblo, y Dios se la concedió. Y el resumen de la grandeza de Salomón que encontramos en 1 Reyes 4 termina con un encomio de su sabiduría como la mayor del mundo, en los versículos 29-34 (y véase también 1R 10.23-25). Pero si hay abundante evidencia para ese lado de la tradición, para el otro —el que explicaría por qué el título del libro es «el Cantar de los Cantares, que es de Salomón» (*shir hashshirim asher lishlomoh*, 1.1) — la evidencia es más escasa.

Job, Proverbios, Eclesiastés y Cantar de los Cantares

Por supuesto que viene a la mente la nota negativa que añade 1 Reyes 11.1-13, en la que Salomón pierde el favor de Dios a causa de haberse unido, «por amor», con «setecientas mujeres reinas y trescientas concubinas, y sus mujeres le desviaron el corazón (mejor, ‹la mente›)» (1R 11.2-3). En sí, eso no lo califica de patrono de la poesía amorosa, y si esta imagen de Salomón sirve de ejemplo de algo, es de la peor pesadilla para los autores de Proverbios —el sabio que se deja seducir por la «mujer extranjera»— o de la peor «vanidad de vanidades» del autor de Eclesiastés. Casi perdida en el encomio de la sabiduría de Salomón en 1 Reyes 4 29-34 (5.9-14 en el texto hebreo) encontramos una referencia a su actividad como autor que sí puede aquí venir al caso. El versículo 32 (5.12 en hebreo), dice que «compuso (lit., ‹habló›) tres mil proverbios (*mashal*) y sus cantares (*shiro*) fueron mil cinco». Los dos géneros literarios mencionados, el *mashal* o proverbio y el *shir* o cantar, son precisamente los nombres de dos de las obras que la tradición llegó a suponer fueron escritas por Salomón: Proverbios y Cantares.

En el DBHE, la palabra *shir* lleva los significados de «canto, canción, cantar, copla, cántico, melodía», y los usos que de ella hace el texto hebreo atestiguan que denotaba un amplio campo semántico que incluía tanto música religiosa como secular. El paralelismo antitético que usa Amós 8.10 al oponer «fiestas» a «lloro» y «cantares» a «lamentaciones» puede indicar que *shir* se relacionaba con ocasiones alegres, ya en la esfera del culto o en la de la fiesta, y el Salmo 45, un himno que celebra las bodas de un rey en versículos que se asemejan un poco a los que contiene el Cantar de los Cantares, lleva en su encabezamiento el título de «canción de amores» (*shir yedidot*). El título *shir hashshirim* representa la forma, bastante común en el hebreo bíblico, usada para indicar superioridad dentro de una clase: así como «rey de reyes y señor de señores» significa «el rey más poderoso y señor absoluto», el título del libro se puede traducir «el mejor cantar» o «la más bella canción». En su comentario, Roland Murphy sugiere que el título se lea «el más excelente de los cantares de Salomón (‹the greatest of *Solomon's* songs›, *The Song of Songs*, 120)», con referencia a 1 Reyes 5.12.

Cantar de los Cantares

Autor y fecha

Habiendo ya dicho que no es probable que Salomón haya sido el autor de Cantares, cabe añadir que no tenemos la menor idea de quién lo fue. Una posibilidad inescapable para quien lea la obra con cuidado y le preste atención no solamente a la superficie gramatical —la primera y principal voz que oímos en sus versículos es femenina— sino al contenido emotivo, es que «el autor» fue una mujer. Por supuesto, no es posible probarlo. En cuanto a la fecha, tampoco hay evidencia completamente conclusiva, aunque el idioma del poema deja ver ciertas características (por ejemplo el uso de la forma *she-* en vez de *'asher* —en lo que el título es una excepción— de la partícula relativa, el uso de palabras arameas, o la presencia de la palabra persa *pardes* en el 4.13 y de *'appiryon*, que posiblemente es griega, en el 3.9) que llevan a los comentaristas modernos a juzgar que data del período posexílico, en el tiempo del imperio persa o del helenístico.

Inclusión en el canon bíblico

Cantares es uno de los libros cuya inclusión en el canon bíblico ha dado pie a mucha controversia, dado su contenido de poesía amatoria. Entre los que defendieron su inclusión entre los libros de las escrituras se destacan figuras como el Rabí Akiva, que en el siglo primero de nuestra era se dice que declaró que el mundo entero no vale tanto como el día en que el Cantar de los Cantares fue dado a Israel; porque todas las Escrituras (*hakkethuvim*) son santas (*qodesh*), pero el Cantar de los Cantares (*shir hasshshirim*) es el Lugar Santísimo (*qodesh haqqodashim*, lit., ‹santo de los santos›).(*Mishna Yadayim* 3.5).

No solamente Akiva, sino la mayoría preponderante de los intérpretes judíos y cristianos desde la antigüedad, a través del medievo, de la Reforma Protestante y de la Contrarreforma, es decir, en los contextos en los que se formaron y consolidaron los cánones del Antiguo Testamento, han considerado a Cantares como digno de pertenecer a la lista de las escrituras sagradas. Siempre hubo una opinión opuesta, una minoría que lo consideró poesía «secular» y tomó sus referencias a la belleza física de los amantes, al amor y a la sexualidad en el sentido literal. La multitud de defensores rabínicos y eclesiásticos de Cantares siempre justificaron su inclusión en el canon a base de imponerle interpretaciones alegóricas o tipológicas que desecharon el sentido claro y patente de sus versículos como indigno del tesoro de significado espiritual que era su verdadero contenido. Las interpretaciones que se le han dado a Cantares por estos han sido por lo general de tres tipos: entre intérpretes judíos, se ha leído como un alegoría del amor de Dios e Israel; entre los intérpretes cristianos, como una alegoría del amor de Cristo y la Iglesia; y entre los místicos de ambos grupos, como un texto que alude a la unión del alma con Dios.

Entre los que han preferido la otra opinión —que Cantares es poesía amatoria secular— podemos tal vez contar a los que Akiva denuncia, y condena a no tener parte en el mundo venidero, es decir, a la perdición eterna, porque cantan versículos de Cantares en las tabernas. La mayoría de este segundo y minoritario grupo, al menos desde que Cantares se hizo parte del canon, han sido los que han tachado el libro como una obra secular, indigna de ser considerada parte de la Biblia, y en general han sido rechazados por sus comunidades religiosas.

Entre los intérpretes modernos, incluso entre intérpretes católicos después del Concilio Vaticano II, la identificación de la poesía de Cantares como poesía que celebra el amor humano en su dimensión física es un hecho aceptado. Las cuestiones a resolver son, primeramente, ¿cómo vino a ser escrita la obra, o compuesta la poesía que contiene? Y para los intérpretes con más interés en el uso de la obra en las comunidades religiosas, ¿qué uso se le debe dar en la enseñanza de esas comunidades?

Origen y significado de la poesía de Cantares

Además de la antigua teoría según la cual Cantares fue compuesto por Salomón, en nuestro tiempo han surgido otras nutridas por descubrimientos y estudios relativamente recientes que han iluminado nuestro conocimiento de las literaturas, del arte, de la religión, en fin, de las culturas del antiguo oriente. Los textos en los que se han encontrado puntos de contacto con Cantares, y que por lo tanto varios comentaristas han usado para dar pie a reconstrucciones teoréticas del origen —y de la función original— de la obra, incluyen principalmente: canciones de amor procedentes del tiempo del Nuevo Reinado en Egipto (siglos 16 al 11 a. C.); textos mitológicos y rituales procedentes de Mesopotamia, sobre todo de origen sumerio y también de gran antigüedad; y canciones que alababan la belleza de los novios en las fiestas de bodas tradicionales de Siria y Palestina, observadas en los dos siglos pasados.

A pesar de que esos textos y otros más han iluminado mucho el idioma y la interpretación de Cantares, no se ha llegado a un consenso de opinión sobre el origen de los poemas que componen el libro. Como ya se ha dicho, la opinión general entre los comentaristas y estudiosos es que el libro no tuvo su origen en el culto —como los Salmos, por ejemplo— y que en ese sentido no se debe considerar como poesía «religiosa». Pero es también muy posible que la costumbre de recitar o cantar Cantares en ocasiones de fiestas seculares —cosa que Akiva condenó— llevara con el tiempo a que se asociara su lectura con la celebración de la Pascua, y a que se le diera lugar entre los «cinco rollos (*megillot*)» (además de Cantares: Rut, Ester, Lamentaciones y Eclesiastés), que similarmente se asocian con la celebración de diversas fiestas del año litúrgico judío. Cantares encontró oposición y dificultades en ser incluido entre los libros de la tercera división de la Biblia hebrea, mayormente por su tono secular y porque, como Ester, al que se le hizo el mismo reparo, no menciona a Dios. Una vez incluido en el canon, Cantares siguió presentándoles a los intérpretes judíos, y poco después a los cristianos, el reto de interpretar su poesía amatoria como parte de las Sagradas Escrituras. A pesar de que las tradiciones antiguas y medievales le dieron interpretaciones alegóricas y místicas a Cantares que siguen teniendo cierta vigencia, eso no cierra el asunto. Parece mejor interpretar la poesía de Cantares reconociendo que la belleza física y el amor humano que celebra son creación y buena dádiva de Dios, y que los nexos que unen a la pareja humana de la que canta son un elemento importantísimo de la vida en comunidad para la que hemos sido creados.

Estructura del Cantar de los Cantares

En su «Introducción» a Cantares, la RVR presenta un «Esquema del Contenido» que, después del título (1.1), divide el libro en seis cantares:

Primero (1.2–2.7)
Segundo (2.8–3.5)

Tercero (3.6 –5.1)
Cuarto (5.2–6.3)
Quinto (6.4–8.4)
Sexto (8.5–14)

Esa división del material poético, aunque factible, no es la única posibilidad. En su reciente comentario de la serie *The Old Testament Library*, J. Cheryl Exum presenta una tabla de doce esquemas alternativos de la estructura de Cantares —incluso el que ella misma propuso en el 1973— publicados entre el 1963 y el 2003 por diversos autores. (Exum, *Song of Songs* [2005], 39). En todo caso, aunque una división por secciones ayuda a leer y a comprender el poema —en el que es importante distinguir tres voces: una femenina (RVR «la esposa») una masculina (RVR «el esposo») y una colectiva (RVR «coro»), así como una estructura a veces de diálogo y a veces de soliloquio—, es más importante no perder de vista que el poema puede, y en mi juicio debe, considerarse como una unidad. En el comentario, dado que su propósito es ayudar al lector del texto de la RVR, se usará el esquema que esa traducción sugiere, aunque las tres voces del poema se identificarán como «ella», «él» y «coro» respectivamente.

Comentario

Ella 1.2-4

No es necesario, como lo hace la RVR, cambiar la persona gramatical en la traducción del versículo 2, que literalmente empieza: «¡Ah, si él me besara con los besos de su boca!» y continúa dirigiéndose al amado en la segunda persona: «tus perfumes… tu nombre… te aman». Se trata de la figura retórica llamada enálage, que según el Diccionario de la RAE «consiste en mudar las partes de la oración o sus accidentes». En el caso de este poema, el enálage se usa aquí y posiblemente en el versículo 4 —que la RVR divide y luego atribuye la segunda parte al coro, ya que el cambio es del singular al plural («me ha llevado… nos gozaremos»)— para dar, en forma fluida y elegante, un sentido del paso del mundo interior al exterior de quien habla. Es importante reconocer que la que habla primero en el libro —y la voz principal que en él oiremos— es «ella», es decir, es la voz de la mujer. Muchos de los comentaristas contemporáneos han dado énfasis a la observación de la igualdad de los sexos en Cantares: este libro no da muestra de las actitudes patriarcales que tan frecuentemente encuentran expresión en el Antiguo Testamento. La palabra *dodim*, en el plural, si la comparamos con las otras y pocas ocasiones en las que aparece en el texto hebreo, significa «amores» en un sentido más francamente físico que, por ejemplo, lo sería la más comúnmente usada *'ahava* (véanse Ez16.8, 23.17; Pr 7.18, además de las referencias en Cnt 1.2,4; 4.10; 7.13). Como varios han sugerido, tal vez una traducción como «caricias» (Exum, Fox) sería mejor. Los «perfumes» del versículo 3 son mas bien óleos o ungüentos, ya que se hacían a base de aceite. El *shemen turaq* del versículo 3 (RVR «perfume derramado») puede ser «perfume decantado», es decir, purificado.

«Ella» proclama su deseo, y en el versículo 4 le da una nota de urgencia «¡Corramos!...» que se resuelve en triunfo: «¡El rey me ha llevado a sus habitaciones!» y en la segunda mitad del versículo, donde la RVR entiende que habla el coro, continúa dirigiéndose a su amado en palabras que, tal como están en el texto, pueden leerse mejor como: «¡Gocémonos y alegrémonos en ti, acordémonos que tus caricias son mejores que el vino! ¡Con razón te aman!».

Ella y él 1.5–2.7

Esta parte del poema en forma de diálogo, donde vamos a oír por primera vez la voz del amado, asume un aire bucólico y pastoril que trae a la mente —por ciertas semejanzas, no por influencia directa— la poesía de ese género que estuvo de moda en Europa en siglos pasados. No es que esta poesía haya sido escrita por pastores de ovejas o por labradores de viñas, sino por poetas que usaron esas figuras idealizadas para expresar sus sentimientos. En los versículos 5 y 6, «ella» se presenta, con la tez morena y (mejor que «pero») hermosa que, como nos explica, es el resultado de haber estado al sol en las viñas donde sus hermanos, enojados con ella, la pusieron de guardia. Las «tiendas de Cedar», región de nómadas en el norte de Arabia, eran de tela negra como el pelo de las cabras de las que se tejían, y las «cortinas (de tienda o carpa) de Salomón» debemos suponer eran también oscuras. «Mi viña, que era mía, no guardé», dice ella al final del versículo 6, dándonos un indicio de la razón por la que los hermanos se han enfadado con ella. Si comparamos poemas que aluden a la viña como una figura de la relación de Dios con Israel como la de dos amantes —el ejemplo más claro está en Isaías 5, dónde la «canción de la viña» se introduce como una «canción de amor» (*shirat dodi*, RVR «cantar de mi amado») pero hay otros, por ejemplo en Jeremías 12— podemos ver la alusión a la viña como un doble entendido. El villancico renacentista español «Niña y Viña» usa un juego similar, aunque con un tono mucho menos serio que Isaías o Jeremías, más aproximado al de nuestro cantar, y también con claro doble sentido sexual:

> Niña y viña, peral y havar,
> malo es de guardar.
> Levantéme o madre, mañanica frida,
> fuy a cortar la rosa, la rosa florida.
> Malo es de guardar.
> Viñadero malo prenda me pedía,
> yo le di un cordone de la mía camisa.
> Malo es de guardar.

En el 1.7 la mujer se dirige directamente al hombre y la imagen se vuelve pastoril: ella quiere ir al campo, donde él apacienta su rebaño, para estar con él en el descanso del mediodía, pero no sabe adónde ir. Su pregunta «¿por qué he de andar como errante junto a los rebaños de tus compañeros?» presenta un problema, puesto que el vocablo hebreo que la RVR traduce como «errante» es una corrección del texto basada en la traducción siríaca y la Vulgata. El hebreo dice «velada» o «envuelta», y así lo traduce por ejemplo la NRSV («*like one who is veiled*», como quien está velada), lo cual no tiene mucho sentido, a no ser que como en *La Biblia de Nuestro Pueblo* se traduzca «como una prostituta» (véase Gn 38.15). En todo caso, ella pregunta, y la respuesta viene en el versículo 8, no del coro, como dice la RVR, sino del amado, a quien ella había dirigido su pregunta: sigue las huellas de (mi) rebaño. Dos notas de gracia adornan este versículo: primero, él la llama «la más bella de las mujeres» (la construcción gramatical es claramente superlativa, RVR «hermosa entre las mujeres»); y en segundo lugar, se refiere al rebaño de ella como «tus cabritas», *gediyyotayik*, un término femenino que solamente se usa en este lugar en el Antiguo Testamento. Ambas notas le dan a la respuesta del amante un claro cariz de requiebro amoroso, y los piropos continúan en los versículos 9-11. El versículo 9 nos hace recordar la distancia cultural que existe entre nosotros y el mundo del Antiguo Testamento: nadie hoy trataría de lisonjear a una mujer comparándola con «la yegua del carro del faraón», pero eso es precisamente lo que hace «él», y lo hace en serio al comparar a su «amada» (*ra'yati*, palabra característica de Cantares usada aquí por primera vez) con el majestuoso animal, sobre todo cuando la yegua iba uncida al carro y adornada con penachos y guarniciones enjoyadas. Esa idea se refleja en el versículo 10, en el que la belleza de las mejillas y del cuello de la amada se realza entre los pendientes y collares que la adornan, y en el 11, donde el amante promete aun más joyas para aumentar el efecto: collares de oro y plata. El diálogo que sigue en los versículos 1.12–2.7, entre los dos amantes, pero en alguna ocasión dirigido a las «hijas (mujeres) de Jerusalén» es una obra maestra de la poesía amatoria, en la que el poeta usa flores, especias y frutas para sugerir el amor físico entre los amantes, con gran delicadeza, pero clara y efectivamente. En el versículo 12, la palabra hebrea *mesibbo* (RVR «su reclinatorio») presenta el problema de que este es el único caso en el hebreo del Antiguo Testamento en el que esta palabra tendría ese significado. Las pocas otras veces que aparece (2R 23.5, 1R 6.29, Sal 140.10), el significado es «alrededores, rodeando» o algo parecido. Es cierto que en el hebreo medio, más tardío que el del Antiguo Testamento, la palabra significa «cojín, almohada», y así muchas traducciones, incluso la RVR, concluyen que se refiere a uno de los reclinatorios o divanes sobre los que se tendían los comensales alrededor de la mesa baja (¿y redonda?) donde se servían los manjares. Otros han sugerido que con la pequeña enmienda de *mesibbo* a *mesibbi*, es decir el cambio de una letra, la palabra se convierte en «mi alrededor». Esto tiene mucho más sentido poéticamente hablando, ya que nos permite traducir «Mientras el rey está a mi alrededor», o hasta «mientras el rey me abraza», lo que hace dos cosas: primero, introduce la imagen de los amantes unidos en un abrazo que sigue en los versículos 13 y 14 y, además, sitúa la escena completa en «nuestro lecho (*'arsenu*, 16)», es decir, en el dormitorio, sin decir nada del reclinatorio de la sala de banquetes. Unidos en el abrazo, dice ella, su nardo esparce su fragancia, que se une con la de él, que ella compara a la de la mirra y de la alheña. La imagen de esta armonía de perfumes es un emblema de la pasión que los une. «Mi amado, dice ella, es para mí un saquito de mirra que reposa entre mis pechos»; la ambigüedad del sujeto del verbo *yalin* (que literalmente significa «pasa la noche», más bien que «reposa») es a propósito, pues el poeta quiere dejarnos con la doble imagen del saquito de perfume y el amado pasando allí la noche. La alheña tenía un doble uso, pues de la planta misma se obtenía una tintura de uso cosmético y de sus flores un preciado perfume. Aquí la metáfora se refiere al segundo de estos usos. En-gadí, un oasis en la costa oeste del Mar Muerto, fue famoso por sus plantíos de alheña, bálsamo y otras plantas usadas en la perfumería y la medicina.

Lo que sigue en los versículos 1.15–2.7 es un dúo entre los amantes, que comienza él, diciéndole a ella que es hermosa, y que sus ojos son (como) palomas, posiblemente indicando que son tiernos (15), y ella le repite a él la primera línea en el 16a, añadiendo que él es *na'im*: dulce, placentero, hermoso, delicioso. En el 16b, la primera persona singular cambia al plural, lo que puede sugerir que son ambos los que exclaman… «frondoso es nuestro lecho; las vigas de nuestra casa, cedro, nuestro artesonado, ciprés», una imagen en la que se combina la arquitectura con la naturaleza, y sugiere al mismo tiempo que hojas y árboles, también muebles, vigas y artesonados. Esto es paralelo al nombre mismo de la casa «Bosque del Líbano» que edificó Salomón (1R 7.2), y nos recuerda cómo lo hace visualmente en nuestro tiempo la obra de Antoni Gaudí en Barcelona. Con tal imagen de doble foco por delante, sigue el dúo de los amantes al decir ella «Yo soy la rosa de Sarón, el lirio de los valles» (2.1), o mejor, ya que «rosa» no es lo que dice el texto, «el croco (azafrán), o el narciso, de Sarón» que son mejores posibles traducciones de *batstselet*. A esto, el amado responde no solamente que ella es un lirio, sino que la compara favorablemente a las otras jóvenes: «como el lirio entre las espinas» (2). Ella responde, en el 3, diciendo que su amado es mejor que todos los otros jóvenes: «como un manzano entre árboles silvestres» y entonces elabora la imagen: «a su sombra deseada me senté y su fruto fue dulce a mi paladar». En todo esto, y en lo que sigue hasta el versículo 7, el poeta continúa barajando una serie de imágenes metafóricas, pero la referencia es la misma: el amor entre ella y él. La «casa del vino» (RVR «sala de banquetes») del versículo 4, por ejemplo, no es un nuevo local si recordamos que en el 1.2,4 el vino se compara a los besos y caricias del amado. Cuando ella dice «Me trajo (RVR ‹llevó›) a la casa del vino» se refiere al mismo espacio en el que se ha desarrollado la escena hasta este momento. La RVR interpreta, más que traduce, la segunda parte del versículo 4 como: «y tendió sobre mí la bandera de su amor». La RV60 lo tradujo, más correctamente, «y su bandera sobre mí fue amor», lo que tomando en consideración las connotaciones militares de la palabra *degel*, «bandera, estandarte» otros traducen (o interpretan) «y su intención (misión, cometido) hacia mí fue amor». La exclamación de la amante en el versículo 5 tiene el propósito de demostrar cuán «enferma de amor» está ella, y por supuesto no es una queja de dolor, lo que demuestra en el versículo 6, donde pide o desea (*tejabbeqeni* es un yusivo) estar entre los brazos de su amante. Las «pasas» del 5 son en realidad tortas de pasas, que son comidas de fiesta (véase 2S 6.19), a veces también asociadas al culto de «dioses ajenos» (véase Os 3.1). Las manzanas también eran fruta preciada, y que ya ella ha relacionado con su amante en el versículo 3. La imagen que ella evoca en estos dos versículos pudiera traducirse a nuestros términos culturales si imaginamos que pide, para su enfermedad de amor, una cura de abrazos (6) precedida por un calmante de champaña y chocolates (5). En el versículo 7 encontramos por primera vez la fórmula de conjura a las mujeres («hijas») de Jerusalén que vuelve a aparecer en el 3.5 y en el 8.4, esta última vez en forma abreviada, y la fórmula similar en el 5.8. La traducción de la RVR, al menos de la primera parte, está clara, aunque no sabemos exactamente a qué se refiere la fórmula cuando menciona «las gacelas y las ciervas del campo», pero en la segunda parte no hay por qué traducir «mi amor» y darle referencia a ella :«¡dejadla dormir mientras quiera!». El texto hebreo dice (y la RV60 traduce) «no despertéis ni hagáis velar al amor, hasta que quiera». Se trata del amor, no de la amada, a la cual llamar «mi amor» es correcto en el español, pero no en el hebreo. Es mejor considerar que es la voz de ella la que oímos, hablando, como ya lo hizo en el 1.5, a las «mujeres de Jerusalén», en este caso para conjurarlas a que dejen que el amor siga su propia pauta, sin tratar de despertarlo o avivarlo hasta que quiera.

Job, Proverbios, Eclesiastés y Cantar de los Cantares

Ella 2.8–3.5

En el versículo 8 comienza un soliloquio que va a terminar con la misma fórmula de conjura que acabamos de ver en el 3.5. Ella exclama al oír la voz de su amado, al que compara a una gacela o a un ciervo joven que viene saltando y brincando por montes y collados, para detenerse fuera de la casa y mirar por las ventanas. Así introduce el tema de este soliloquio, en el cual los amantes están separados, en este caso por una pared. Las palabras de él, en los versículos 10-15, nos vienen a través de los labios de ella: «Habló mi amado y me dijo:» (10) y las palabras del amado son una invitación a salir fuera de la casa, a los jardines y huertas, que ella recuerda y relata: «Levántate, amada mía, hermosa mía, y ven» (en el orden del texto hebreo)» (10). El poema se revela, en versículos que son de los más famosos de Cantares, como una canción primaveral: las lluvias del invierno han cesado; los campos están floridos, «ha venido el tiempo de la canción», es decir, cuando las aves cantan y sobre todo la tórtola, ave pasajera que regresa con la primavera, deja oír su arrullo «en nuestro país», y cuando higueras y vides se llenan de yemas y capullos. Como un estribillo, el versículo 13b repite las palabras del 10b: «Levántate, amada mía, hermosa mía, y ven», y ella relata el requiebro: «Paloma mía… muéstrame tu rostro (o, tu apariencia), hazme oír tu voz, porque tu voz es dulce y hermoso tu aspecto» (14). El versículo 15 es difícil de interpretar, y es posible, como algunos han sugerido, que haya sido parte de una canción popular o de un refrán. En su posición en el poema, representa la respuesta que ella le ha dado a la petición del amado de que le deje oír su voz. Lo que dice, sobre todo según Exum, es algo gracioso y lleno de doble sentido, en el que las «zorras pequeñas» son una figura de los jóvenes, y las «viñas en cierne», de las muchachas. Ellos «destruyen (mejor: ‹echan a perder›) las viñas, nuestras viñas en cierne» si se les permite retozar a su libre albedrío. Por lo tanto, es mejor que cada muchacha cace su zorrito, «estos jóvenes, tan libres y desenfadados, deben ser capturados, asidos fuertemente y traídos a la casa… tal es la meta que logra la mujer en el 3.4, cuando se aferra a su amante… y se niega a soltarlo hasta que lo ha traído a la casa de su madre» (Exum, 130, traducción del autor). Con esta lectura del versículo 15, se hace claro el significado del 16: ella dice, en tono satisfecho y triunfal: «¡Mi amado es mío y yo soy suya!» y añade que «él apacienta entre los lirios», es decir, no anda retozando en los viñedos, sino que está entre los lirios, con ella (véase también el 6.2-3). El versículo 17 continúa el hilo del 16, sobre todo si se traduce —de acuerdo con el texto hebreo— «Hasta que respire (la referencia es a la brisa matutina) el día y huyan las sombras, vuélvete, amado mío, sé como una gacela o un cervatillo sobre los montes hendidos». La RVR no traduce la última palabra, prefiriendo «los montes de Beter». Pero, sobre todo si tomamos en consideración las imágenes del 1.13 y del 4.5-6, podemos ver que se trata de una alusión al abrazo íntimo de la pareja.

La segunda parte del poema alza, con imágenes diferentes, el tema de la separación de los amantes. El trasfondo, hasta aquí rural y matutino, se hace ahora nocturno y urbano, y estos versículos anticipan los del 5.2-8, la bien conocida «noche oscura» de interpretaciones místicas como la de Fray Juan de la Cruz. En el 3.1, ella busca al amado en su lecho, por las noches, y al no hallarlo se va fuera, a las calles oscuras de la ciudad, donde nadie anda sino la guardia. La figura de su soledad vulnerable y desesperada se hace más intensa con este encuentro: en este caso la guardia le demuestra indiferencia y aparentemente no puede, o no quiere, responder a su pregunta ansiosa: «¿Habéis visto al amado de mi alma?» (3), mientras que en el 5.7, los guardias le muestran hostilidad y la atacan con violencia. Por fin, en el versículo 4, la escena cambia cuando ella se aparta de los guardias, encuentra al amado, se aferra a él, «y no lo dejé hasta llevarlo a casa de mi madre, a la habitación de quien me dio a luz» (véase el comentario al 2.15).

El 3.5 repite, como un estribillo que marca el final de la estrofa, la fórmula de conjura que ya apareció en el 2.7. No hay razón para suponer que haya un cambio de voz a la del «esposo». Véase el comentario ya hecho anteriormente.

Coro. 3.6-11

La voz cambia en esta sección y, aunque puede ser una voz singular (tal vez la del poeta como narrador), la llamaremos «coro». Lo que no parece ser es ni la voz de «ella» ni la de «él», sino la de un espectador, un testigo que está presente en el encuentro que tiene lugar, y que narra la entrada de los dos protagonistas. Ambos hacen sus entradas: ella en el versículo 6, y «Salomón» (él) en los 7-11. El versículo 6 no pregunta: «¿qué es eso?», sino claramente «¿quién es esa?», y describe, en una imagen gramaticalmente femenina y conceptualmente estática, una que asciende del desierto como «columnas o palmas (usando una palabra poco común, *timarot*, que es plural [véase J l 3.3] y que aparentemente se relaciona con *tamar*, palma datilera) de humo perfumado de mirra e incienso, y de todo polvo aromático del mercader». Alta, esbelta y perfumada con preciosas fragancias, ella espera, destacándose la llegada del amado de lo que les rodea como un oasis que se distingue en la distancia. De repente (*hinneh*, «¡ved...!» en el versículo 7) aparece la imagen masculina y dinámica del palanquín del rey, rodeado de una escuadra de guardias armados, de los que «cada uno lleva su espada al cinto, por los peligros de la noche» (8). La palabra *'appiryon*, que la RVR traduce como «carroza» en el versículo 9, y que aparece solamente aquí en el texto hebreo del Antiguo Testamento, es aparentemente la palabra griega *phoreion*, «palanquín, silla de manos», que el texto describe en este versículo y el siguiente como de gran lujo, construido con madera (¿cedro?) del Líbano, plata, oro, y tela teñida de grana. Hay un juego de palabras al final del versículo 10, ya que *'ahava*, con lo que dice el versículo que está «recamado» es una palabra que tiene dos significados: amor y cuero (además de aquí ese juego se encuentra también en Os 11.4). Varias versiones dividen los versículos 10 y 11 en manera diferente de la del texto hebreo y la RVR, y leen «Hijas de Jerusalén, salid, y ved, Hijas de Sión», lo que parece mejor. El coro, o el poeta, llama a las mujeres de la ciudad —Jerusalén y Sión siendo términos equivalentes y paralelos— a que vean al rey Salomón, que viene en su palanquín, ceñido con la corona (mejor, guirnalda o diadema) con que lo ha adornado su madre para el día de su boda, «el día del gozo de su corazón».

Él 4.1 –5.1

Componer y cantar canciones en las que se alaban partes del cuerpo de la novia o del novio por medio de símiles que a veces parecen rebuscados y chocantes ha sido costumbre en las celebraciones nupciales del oriente medio por largos siglos. Ya en el siglo 19 hubo estudiosos que encontraron en las canciones de boda que observaron entre los pueblos de Siria y Palestina paralelos con textos como el capítulo que tenemos delante. El amante anuncia su tema en el versículo 1: «¡Qué hermosa eres, amada mía, qué hermosa eres!», e inmediatamente comienza la serie de símiles. Tus ojos, detrás del velo (no «en medio de tus guedejas»), son como palomas; tus cabellos, como un rebaño de cabras —siendo negras por lo general las cabras en Palestina— que bajan retozando de las lomas de Galaad; tus dientes, blancos, parejos y sin que falte alguno, como una manada de ovejas recién trasquiladas que suben del baño con sus crías gemelas; tus labios, rojos como el hilo o estambre teñido de grana, y tu boca bella (mejor que «tu hablar, cadencioso» como dice la RVR). Tus mejillas (o tal vez mejor «sienes», véase Jue 4.21-22, 5. 26) detrás del velo, continúa el amante, son como trozos (RVR «gajos») de granada: si de mejillas se trata, posiblemente la comparación es por el color, pero si de las sienes, puede tener referencia a la fragancia (3). En el versículo 4, el símil es de otra índole: «tu cuello», dice el amante, es «como la torre de David», posiblemente alto, esbelto y derecho. Donde la RVR dice «edificada para armería», sería mejor traducir «edificada de cantería»: el cuello da la impresión de fortaleza y estabilidad, y está adornado de valiosos collares: «de ella cuelgan mil escudos, escudos todos de valientes» (4). Habiendo bajado de la cabeza al cuello, el amante termina su descripción de la amada con sus pechos, los que en el versículo 5 compara a «gemelos de gacela que se apacientan entre lirios». Fray Luis de León, en el comentario sobre Cantares que comenzó a escribir en el 1561, bien dice de esta imagen: No se puede dezir cosa más bella ni más al propósito que comparar [los pechos] a dos cabritos mellizos, los quales, demás de la terneza que tienen por ser cabritos y dela ygualdad por ser mellizos y demás de ser cosa linda y apaçible, llena de regoçijo y alegría, tienen consigo un no sé qué de trauesura y buen donaire con que roban y lleuan tras sí los ojos delos que los miran... (Fray Luis de León, *El Cantar de los Cantares de Salomón: Interpretaciones literal y espiritual*, José María Becerra Hiraldo, ed., Madrid, Ediciones Cátedra, 2003, p. 166).

El amante no termina aquí el tema de los pechos de la amada, sino que lo continúa en el 6, aunque abandonando la descripción para hacer eco de algo que ya hemos oído en el 2.16 y 17: los gemelos de gacela que «se apacientan entre lirios» (véase el 2.16), y «mientras despunta el día y huyen las sombras» (véase el 2.17a), él se dispone a ir «al monte de la mirra, a la colina del incienso» que ya se ha visto corresponden a los «montes hendidos» (RVR «montes de Beter») del

17. La primera parte del poema del amante termina con la exclamación que resume la descripción de la belleza de su amada, e implica el efecto que esta le produce: «¡Qué hermosa eres, amada mía! No hay defecto en ti» (6). El versículo hace eco del principio del poema en el 4.1, y así enmarca y completa la estrofa.

Entre las marcas que distinguen a los versículos 4.8–5.1 como un poema íntegro se destaca el uso, de la palabra *kallah*, que no aparece en el resto de Cantares, y que la RVR traduce «esposa». La palabra debe más bien traducirse «novia», ya que se usa en el texto hebreo con los significados de joven casada, recién casada, o hasta de nuera joven. Los versículos 9, 10 y 11 del capítulo 4, y el 5.1 usan la expresión compuesta *ajoti kallah*, literalmente: «mi hermana, (mi) novia», que aunque nos parece un poco extraña hoy, refleja el uso, común en textos poéticos del antiguo Israel y de culturas vecinas, de «hermana» como una expresión de cariño entre esposos o amantes.

En el versículo 8, con una serie de verbos imperativos femeninos —y sin leer «conmigo», interpretación que en este versículo se debe a cierta confusión entre el imperativo *'eti* y la conjunción con sufijo de primera persona singular *'itti*— el amante le pide a la amada «Ven del Líbano, novia, ven del Líbano, ven, desciende (mejor que ‹mira desde›) de la cumbre del Amana, de la cumbre del Senir y del Hermón, de las guaridas de los leones, de las montañas de los leopardos». Así queda claro que el amante —o el novio— le pide a la novia que venga a él, y no con él, como implica la otra traducción. Pero, ¿de dónde?

Pueden sugerirse dos posibilidades, aunque ninguna de las dos es completamente satisfactoria: una, que la novia toma el papel de «la diosa del amor» (así por ejemplo, dice la nota marginal al versículo en *La Biblia de Nuestro Pueblo*) y en este caso, las referencias a los montes del Líbano y del anti-Líbano se explican con la bien conocida creencia entre los habitantes de Canaán, que la morada de los dioses estaba en esas montañas. Otra posible explicación es que, en la fiesta de bodas, la novia haya estado sentada en un trono elevado —costumbre que se observa en fiestas nupciales en tiempos recientes— y que en un momento dado el novio le pide que descienda de su «monte Líbano», como parte de la ceremonia. Ni se puede dar, ni hay necesidad de darle, una explicación de esta índole a la poesía: quedemos mejor como lectores con la imagen del novio que —como la amante ya lo ha hecho, por ejemplo en los versículos que comienzan en el 3.1— da expresión a su anhelo de unirse al ser querido ausente o distante. Con el versículo 9 entramos de nuevo al terreno más familiar e incluso universal de imágenes que encomian la belleza y la dulzura de la novia, y que van a culminar al fin del poema en un breve diálogo de rendición amorosa mutua. El novio exclama que ella le ha robado el corazón sin esfuerzo ninguno: ha sido suficiente una mirada de sus ojos, o una sola cadenita de su collar (RVR: «una gargantilla de tu cuello») para atraparlo. El 10 es un eco, ahora en la voz de él, de lo que ella dijo al principio del libro, en el 1.2: «¡qué lindos son tus amores!» o «¡qué dulces son tus caricias!» que, como en el 1.2, se comparan favorablemente con el vino y a los perfumes. El versículo 11 continúa en el campo de los sentidos del gusto y del olfato, y el sabor de los labios y de la boca de la amada se compara a «miel y leche», una combinación que, en Éxodo 3.8 y muchos otros textos (en la forma «leche y miel») se usa para describir la Tierra Prometida. Por supuesto, la alusión puede ser simplemente a una forma favorita de consumir esos productos, tal vez algo parecido al postre tradicional catalán llamado «*mel i mató*» (miel con requesón). Si sus besos tienen sabor a la Tierra Prometida, sus vestidos huelen al Líbano, famoso por sus cedros aromáticos, aunque no hay que olvidar que este poeta gusta de las alusiones y de los juegos de palabras, y que aquí también puede estar jugando con *levanon*, «Líbano», y *levonah*, «incienso», palabra que hemos visto frecuentemente en Cantares. El incienso se usaba para sahumar, y así perfumar, los vestidos de lujo.

El «jardín cerrado» del versículo 12 es un símbolo, no de la castidad de la amada —como lo consideró la tradición artística y litúrgica medieval, por ejemplo, que le asignó a María la imagen y el título de «*hortus conclusus*», la traducción latina de esta frase en la Vulgata— sino, como dice J. Cheryl Exum, del acceso exclusivo que el hombre tiene a su amante, «pues es en este jardín que los amantes han de gozar del placer sexual, expresado a través de dobles entendidos, en imágenes de comer y de beber las delicias que ofrece el jardín» (Exum *Song of Songs*, 176, traducción del autor). La imagen se compone de dos partes, ya que el jardín, cerrado y por supuesto vallado, encierra un «manantial sellado». La primera palabra del versículo 13, *shelajayik*, puede significar «renuevos» como la traduce la RVR, pero también puede ser «tus canales (acequias, zanjas)», es decir, los que llevan el agua del manantial sellado a todas partes del jardín (*pardes*), donde hay frutas (granadas y «frutos suaves») y también toda clase de plantas de olor y de especias: «flores de alheña y de nardos, nardo y cúrcuma (RVR ‹azafrán›, en hebreo *karkom*), caña aromática y canela, árboles de incienso y de mirra, áloes, y todos los bálsamos principales (RVR ‹las más aromáticas especias›)» (13, 14). Confirmando la lectura de «acequias» en vez de «renuevos», el versículo 15 llama al manantial sellado del 12 «manantial de los jardines, pozo de aguas vivas que descienden del Líbano». Varios comentaristas han hecho la observación de que el poeta describe un jardín de fantasía, con una colección de plantas provenientes de climas tan diversos que nunca se podrían cultivar juntas, pero que constituyen una recopilación de metáforas que el poeta usa en otros lugares para referirse a las delicias sensuales que los amantes gozan. Así, en el versículo 15 oímos la voz de ella llamando a los vientos del norte (*tsafon*) y del sur (*teyman*), cuyos nombres también sugieren las regiones del Líbano y del desierto de Arabia —y por esto la traducción «Aquilón» y «Austro» de estos nombres, hecha a base de la tradición latina, no es muy útil— a que vengan a esparcir los perfumes del jardín (¿cuerpo?) de ella, para que, como dice: «¡Venga mi amado a su jardín y coma de sus dulces frutos!». En el 5.1 el amado declara que ha venido al jardín, es decir, que acepta la invitación que ella le ha hecho, y llama suyas a la mirra y los aromas que ha recogido, al panal y la miel que ha comido, y al vino y la leche que ha bebido. No queda más que felicitarlos y que brindar por su unión, y esto lo hace el coro en el versículo 5.1b: «Comed, amigos; bebed y embriagaos de amores» (mejor que la RVR, que lee «Comed, amados amigos; bebed en abundancia»).

Ella 5.2–6.3

La mujer toma la palabra de nuevo, y empieza con un soliloquio nocturno similar al del 3.1-4, pero como traspuesto a una nota más alta. La escena que describe en los versículos 2-7 tiene características, a más de una descripción de la realidad, de un sueño o de una pesadilla, tal vez resultado de que, como ella dice al final, está «enferma de amor» (8). De nuevo la escena comienza en la cama, pero en el 3.1 estaba despierta, buscando a su amado. Ahora, en el 5.2, nos dice que está dormida, pero que su «corazón» (tal vez quiere decir su mente, o es acaso la conciencia que a veces tenemos en un sueño de que estamos dormidos) estaba despierto. Con la claridad que viene en los sueños, sabe que el toque que suena a la puerta (*dodi dofeq*, «mi amado toca a la puerta») es el de su amado, y sin más transición pasa de los aldabonazos a oír su voz, que pide amparo: «¡Ábreme, hermana mía, amada mía, paloma mía, perfecta mía, pues mi cabeza está llena de rocío, mis cabellos (mejor, ‹mis guedejas›) de la humedad (mejor, ‹de las gotas›) de la noche!». El versículo 3, en la superficie, habla de dos problemas que no son de mucha importancia: volver a vestirse y a lavarse los pies no son cosas que presenten dificultad. Pero en este poema, lleno de sentidos dobles y de alusiones al amor, también tiene el efecto de informar al lector que ella está en su lecho esperando a su amante, y que cuando él llega (tarde) demora recibirlo con esos melindres, cosa que dice Fray Luis de León, hacen las amantes «porque, aunque amen y deseen mucho, de cualquiera cosilla hazen estoruo y vsan de mil niñerías» y ella, que «no se ha de entender que no le quiere abrir», cosa imposible dado su «amor tan verdadero y ençendido… muestra que le pesa que no vuiesse venido un poco antes, quando ella estaua vestida y por lauar, y por no tener agora que vestirse y desnudarse tantas vezes» (Fray Luis de León, *El Cantar de los Cantares*, 182). El poeta de Cantares debe de haber compuesto el versículo 4 deliberadamente a base de dobles sentidos, y parece mejor dejar que se entrevean en la traducción que tratar de eliminar uno de los sentidos. Así, sería mejor traducir el hebreo literalmente: «Mi amado metió la mano en el agujero, y mis entrañas se agitaron por (causa de) él», y no —como lo hace la RVR— introducir «el resquicio de la puerta», traducir «corazón» donde el texto dice «entrañas, vísceras», o cambiar el sufijo pronominal y el sentido de la preposición, de «por (causa de él)» a «dentro de mí». El mismo juego de significados continúa en los versículos 4-6a, y en todo esto podemos ver, como en un sueño, dos escenas superpuestas: una que tiene que ver con la llegada (¿tardía?) del amado a la puerta, la demora de ella en abrirle, y su decepción cuando por fin lo hace y él se ha ido, y la otra, una en la que la tensión sexual entre los amantes crece, pero se frustra cuando repentinamente él desaparece, y ella se encuentra sola y ansiosa, diciendo «y tras su voz se me salió el alma» (6). La escena cambia de repente, y ella se encuentra en la calle, buscando y llamando a su amado, que ni se ve ni responde, y finalmente acosada por los guardias de ronda, que en vez de la presencia neutral que fueron en el 3.3, son ahora agresores violentos, que la hostigan y le quitan el manto o velo (7), tal vez otro doble sentido. De repente, y sin explicar cómo se libró de los guardias abusadores, ella se dirige a las «hijas de Jerusalén», conjurándolas a que, si hallan a su amado, le hagan saber que ella está «enferma de amor» (8).

El versículo 8 introduce una transición a la sección siguiente, que comienza en el versículo 9 con la respuesta que da el coro de las mujeres de Jerusalén al intento de la amante de reclutarlas en su búsqueda del amado ausente. Le responden con una pregunta, retándola a que demuestre por qué deben hacerlo: «¿Qué es (o, ‹vale›) tu amado más que otro amado?». La implicación clara es que le están diciendo que él es un hombre como cualquier otro, y que ella —a quien han llamado «la más hermosa entre las mujeres»— puede fácilmente encontrar otro amante. Pero ella no está dispuesta a aceptar la sugerencia, y su respuesta es la descripción de las perfecciones físicas del amado, en una serie de imágenes comparable a las que él le ha dirigido a ella en el capítulo 4 y le dirigirá en el 6 y 7. La diferencia más notable es que, mientras él siempre se dirige directamente a ella, ella habla de él, como aquí, al coro de las mujeres. Ya que las «hijas de Jerusalén» la han retado con la pregunta: ¿qué más vale tu amado que otro?, el primer versículo de su respuesta lo declara «distinguido entre diez mil» (10). Las metáforas y los símiles comienzan en el versículo siguiente (11), y continúan hasta el 16. Pero en el 10, la descripción es más directa: «mi amado es blanco y sonrosado (o ‹colorado›)». Su cabeza, nos dice, es oro fino; pero no se refiere a los cabellos, los que describe inmediatamente como crespos y «negros como el cuervo» (11). A esto le siguen inmediatamente los ojos, como palomas que se bañan en leche —los blancos— en sus cuencas (RVR «perfección», 12). Sus mejillas son como parterres (RVR «eras») de bálsamos —posiblemente refiriéndose a su barba— y torres de (otros, con enmienda, «que producen») perfumes o especias. Volvemos brevemente a lo familiar con «sus labios, lirios que destilan mirra» (13). En los versículos 14 y 15, la figura del amado se asemeja a una estatua hecha de materiales preciosos: sus antebrazos (RVR «manos») son cilindros (RVR «anillos») de oro, incrustados de topacios (RVR «jacintos»): el texto dice «de *tarshish*», y ya que Tarshish parece haber sido una colonia fenicia en la zona de la desembocadura del Guadalquivir, de donde venían metales y piedras preciosas, HALOT sugiere que la palabra aquí significa topacio de Tarshish, es decir, topacio español. Como esta piedra es de color amarillo, la imagen de los antebrazos del amado, de oro torneado e incrustado con topacios, se hace comprensible. La descripción de su «cuerpo» (lit. «vientre») como placas de marfil cubiertas de zafiros añade los colores blanco y azul a la imagen (14). El versículo 15 dice «sus muslos, columnas de alabastro, fundadas sobre basas (o pedestales) de oro fino; es decir, que la pierna completa es de alabastro arriba y de oro fino —como la cabeza y los antebrazos, también expuestos al sol y dorados— debajo de la rodilla. Se explica también que el vientre, de marfil, sea de un material blanco, como los muslos son de alabastro: cubiertos por la túnica, se exponen menos al sol. La amante aparentemente describe el cuerpo desnudo de su amado. «Su aspecto», dice ella, es «como el Líbano; esbelto (mejor, ‹selecto›) como los cedros». En el 16, termina simplemente diciéndoles a las otras muchachas de Jerusalén que «su paladar (es) dulcísimo, y todo en él codiciable» y exclamando, habiéndoles dado esta respuesta poética, «¡Tal es mi amado, tal es mi amigo, hijas de Jerusalén».

Convencidas de que el amado vale la pena (véase el versículo 9), las mujeres de Jerusalén en coro se prestan a cumplir con la conjura de «la más hermosa entre las mujeres» y le preguntan: «¿a dónde se ha ido tu amado, y lo buscaremos contigo?» (6.1). La respuesta, un tanto sorprendente, que ella les da es que su amado aparentemente no está perdido, sino que «ha bajado a su jardín, a los parterres (RVR ‹eras›) de las especias, a apacentar en los huertos y recoger los lirios» es decir, si recordamos el uso que tienen esas expresiones en el resto del libro, que su amado está con ella. El versículo 3 —uno de los más conocidos del libro, y por buena razón— pone punto final a este poema de la amante, confirmando su unión con el amado: «¡Yo soy de mi amado, y mi amado es mío! Él apacienta entre los lirios».

Él 6.4–7.9

El amante vuelve a hablar, como para confirmar su presencia; sin embargo, como lo hace cuando va a elogiar la belleza de su amada, se dirige a ella directamente. En los versículos 4 y 5a, sus símiles toman un rumbo majestuoso y militar, comparando a la amada con Tirsa —capital del Reino de Israel hasta que el rey Omri construyó a Samaria en el siglo 9 a. C.— y con Jerusalén, capital de Judá, ciudades que él califica de «bella» y «deseable», y al mismo tiempo «imponente como ejércitos en orden de batalla (lit. ‹abanderados›)». Tan majestuosa es, que le pide que aparte de él sus ojos, pues lo subyugan (o confunden). Después de este principio, es un poco decepcionante ver que continúa con la repetición, más o menos idéntica, de varios versículos de su encomio a la amada en el capítulo 4.1-3, que aquí aparecen en el 6.5b-7. Con el versículo 8 parece que regresa el tema majestuoso, o por lo menos real, con el que empezó el poema: el poeta nos lleva al harén de un palacio real donde «sesenta son las reinas, ochenta las concubinas, y las jóvenes, sin número» (1R 11.3 dice que Salomón «tuvo setecientas mujeres reinas y trescientas concubinas»), pero la amada —«la paloma mía»— es la única y perfecta hija de su madre, tanto que hasta las mujeres del harén real la llaman «bienaventurada» y, en el versículo final de este poema del amante, la elogian comparando su hermosura al alba y a la luna, su resplandor al sol, y su imponente majestad a un ejército abanderado, en orden de batalla (10).

Con el versículo 11 entramos en un territorio difícil de interpretar. Las palabras del versículo están bien claras, pero no es posible decidir con certidumbre quién habla. ¿Quién baja al huerto de los nogales? El problema se presenta en toda su dificultad en el versículo 12, que debemos considerar un texto defectuoso sin remedio. El hebreo dice literalmente «no supe —mi alma me puso (en) carrozas (de) mi pueblo noble», y las versiones antiguas ya aparentemente tuvieron por delante el mismo problema. Y, como si eso fuera poco, el versículo 13 introduce a la sulamita, un personaje —¿o es acaso un epíteto que se aplica a la amada? — que hasta este momento no había aparecido en el libro. Además, ¿qué hace la sulamita? Posiblemente baila, pero ni eso se puede decir con toda seguridad. Faltan demasiadas piezas para poder reconstruir el rompecabezas.

Con el 7.1-5 volvemos a un terreno más sólido. Claramente es la voz del amante la que habla, y habla en la forma ya familiar del encomio de la belleza de la amada por medio de una lista de símiles de partes de su cuerpo, aunque esta vez la lista empieza con los pies y se mueve hacia la cabeza, al contrario de las otras de este tipo que ya hemos visto en Cantares. De los pies, a las caderas, al ombligo, el vientre, los pechos, el cuello, los ojos, la nariz, la cabeza y hasta el cabello va la vista del amante, comparando cada parte con algo precioso, hasta que exclama que en las guedejas del cabello de la amada —preciosas como la púrpura, la más cara de las sustancias con las que se teñía la lana— ha quedado él (el rey) cautivo. En el versículo 6 comienza lo que parece ser otra serie de elogios, pero que se resuelve en requiebros más claramente intencionales: en el versículo 7 la compara con una alta palma datilera, y sus pechos con los racimos, y en el 8 declara su intención: «subiré a la palmera y asiré sus frutos». En forma similar, compara de nuevo los pechos de la amada con racimos de uvas, y su aliento con el perfume de las manzanas, y en el versículo siguiente (9) expresa el deseo de que sus besos (RVR «paladar») sean como el buen vino «que entra al amado suavemente, y corre sobre los labios y los dientes (así dice el texto hebreo, mientras RVR dice ‹por los labios de los viejos›)».

Ella 7.10–8.4

Con una variación interesante del 3.16, la amante responde «Yo soy de mi amado, y en mí tiene su deseo (la RVR dice ‹contentamiento›, pero *teshuqato* significa ‹su deseo›). Véase el uso de la palabra en Gn 3.16. Keel sugiere que en este versículo de Cantares se levanta la maldición de Génesis, es decir, que ella responde positivamente a las expresiones de deseo que él acaba de expresar. Así, en los versículos siguientes, lo invita a salir al campo, a pasar la noche en las aldeas, bajo el pretexto, que ella expresa con palabras que traen a la mente las de él en el 6.11, de «ver si brotan las vides, si ya están en ciernes, si han florecido los granados». Pero pretexto es, pues inmediatamente anuncia el propósito verdadero de su invitación: «¡Allí te daré mis amores!». La referencia que el versículo 13 hace a las mandrágoras que exhalan su aroma se basa en la creencia en las propiedades afrodisíacas del olor de las frutas de esta planta, lo que Keel ha demostrado con su cuidadoso estudio de fuentes egipcias (véase su comentario, páginas

256–260). Esta creencia se puede entrever en el relato de Génesis 30.14-17. La amante menciona también «toda suerte de deliciosas frutas, frescas y secas, que para ti, amado mío, he guardado» y en este contexto no hay que esforzarse demasiado para ver en esto otra referencia a toda clase de delicias que promete disfrutar con él.

El capítulo 8 comienza con la expresión de la amante de su deseo que el amado fuera su hermano, «criado a los pechos de mi madre», para que así pudiera besarlo en público sin que nadie la menospreciara. La fantasía continúa: lo llevaría a la casa de su madre. Aquí el texto hebreo se puede leer «tú me enseñarías» o «ella me enseñaría». Tal vez la segunda lectura es la mejor, pues lo que sigue es claramente otro doble sentido, sobre todo cuando se lee literalmente: «yo te daría a beber vino perfumado con el jugo de mi granada». Con un eco del 2.6-7, la amante termina sus palabras en el 8.4 y, como allí, no es él quien habla, sino ella, conjurando a las hijas de Jerusalén a que no despierten al amor.

Diálogo final 8.5-14

Otra vez oímos, como en el 3.6, la pregunta: ¿quién es esta que sube del desierto? Pero esta vez el coro continúa: «recostada sobre su amado». Claramente, los amantes están unidos y en público, pero nadie parece menospreciarlos, sino más bien parecen celebrar su unión. En la segunda parte del versículo está claro en el hebreo que es ella la que habla, aludiendo tal vez a la escena a que se refirió en el 2.3, «debajo de un manzano», donde ella lo «despertó», lugar que asocia también con el parto de la madre de él, momento en el cual otra mujer lo «despertó» metafóricamente. Así introduce las sublimes palabras de los versículos 6 y 7. El sello era la marca principal de identidad y de propiedad en el mundo de Cantares. «Ponme» dice ella, «como un sello sobre tu corazón, como un sello (no como la RVR ‹marca›) sobre tu brazo». No se trata de una simple marca de propiedad (eso sería *'ot*), sino del sello mismo (*jotam*, ambas veces), es decir, hazme tu compañera constante, parte de tu identidad misma, llévame contigo colgada del cuello o de la muñeca (así se llevaban los sellos, con un cordón, véase Gn 38.18, 25 por ejemplo). El amor, continúa, es fuerte «como la muerte», y los celos que el amor puede causar si se descuida, son duros (o difíciles) como el Seol. Como todo fuego —y el amor es un gran fuego— es peligroso, imposible de apagar ni por muchas aguas ni por grandes ríos. El amor vale más que todo lo que pueda ganar o acumular un hombre: «si un hombre ofreciera todos los bienes de su casa a cambio del amor, de cierto sería despreciado». Hasta 1 Corontios 13 no se encuentra una declaración mejor de lo que es el amor.

Se puede sugerir que es la amante quien habla —o continúa hablando— en los versículos 8-10, y que lo que propone es un caso hipotético: la hermanita «que no tiene pechos» tendría necesidad de toda la ayuda de su familia para casarse, desde hablar por ella a la familia del posible novio hasta darle una buena dote («palacios de plata», «tablas de cedro») que la haga más atractiva. La amante de nuestro poema nos dice que ella no es así: «yo soy como una muralla, y mis pechos, como torres», y que (por sí misma) ha convencido al amado. Ante sus ojos ha hallado éxito, salud, prosperidad, bienestar, paz, pues todo eso y más puede significar *shalom*, además de ser un juego de palabras con los nombres de Salomón y de Jerusalén.

Él, en su turno (versos 11-12) propone otro caso hipotético: Salomón tenía un viñedo en Baal-hamón (el nombre de un lugar, pero también un juego de palabras, ya que puede significar «dueño de riquezas» o «dueño de una multitud») que arrendaba a unos guardias por una suma de dinero enorme. Mi viña, la mía, dice el amante, la tengo yo delante, es decir, no tengo ni que arrendarla ni que ponerle guardias. Quédate, Salomón, con tus mil, y el texto no dice «monedas» ni nada más (¿puede aludir a las setecientas reinas y trescientas concubinas de Salomón?). El amante proclama que con ella, su amada, su viña que él mismo guarda y cultiva, él tiene más que Salomón con todo su harén. Como lo hizo la amada, proclama que en el amor que comparten lo tienen todo.

El libro termina en los versículos 13 y 14 con un gracioso intercambio entre los amantes. Primero él se dirige a ella, que se ha quedado (¿escondida?) en los jardines, y le ordena (*hashmi'ini* es un imperativo) que diga algo, pues sus compañeros quieren oír su voz. Lo que ella dice es que se dé prisa él y venga, dejando a sus compañeros, que se deben de haber divertido con el tono juguetón que usa cuando, sabiendo que la oyen, lo llama «amado mío» y le dice que corra «como la gacela o el cervatillo» por las montañas de especias.

Bibliografía selecta

Comentarios:

Alonso Schökel, Luis y José Luz Ojeda, *El Cantar de los Cantares* (Madrid: Ediciones Cristiandad, 1969) [*Los Libros Sagrados X, 1*].

Alonso Schökel, Luis, *Eclesiastés y Sabiduría* (Madrid: Ediciones Cristiandad, 1974) [*Los Libros Sagrados, 17*].

Alonso Schökel, Luis y José Luz Ojeda, *Job* (Madrid: Ediciones Cristiandad, 1971) [*Los Libros Sagrados VIII, 2*].

Alonso Schökel, Luis, José María Valverde y Juan Mateos, *Proverbios y Eclesiástico* (Madrid: Ediciones Cristiandad, 1968) [*Los Libros Sagrados VIII, 1*].

Alonso Schökel, L., y J. Vílchez Líndez, *Sapienciales I: Proverbios* (Madrid: Ediciones Cristiandad, 1984) [*Nueva Biblia Española: Comentario teológico y literario*].

Clifford, Richard J., *Proverbs: A Commentary* (Louisville: Westminster John Knox, 1999) [The Old Testament Library].

Crenshaw, James L., *Ecclesiastes: A Commentary* (Philadelphia: Westminster, c. 1987) [The Old Testament Library].

Exum, J. Cheryl, *Song of Songs: A Commentary* (Louisville: Westminster John Knox, c. 2005) [The Old Testament Library].

Fox, Michael, *A Time to Tear Down and a Time to Build Up: A Rereading of Ecclesiastes* (Grand Rapids: Eerdmans, c. 1999).

Fox, Michael, *The Song of Songs and the Ancient Egyptian Love Songs* (Madison, Wis.: University of Wisconsin Press, c. 1985).

Fox, Michael, *Proverbs 1-9: A New Translation with Introduction and Commentary* (New Haven: Yale University Press, c. 2000) [*The Anchor Yale Bible* 18A].

Fox, Michael, *Proverbs 10-31: A New Translation with Introduction and Commentary* (New Haven: Yale University Press, c. 2009) [*The Anchor Yale Bible* 18B].

Gutiérrez, Gustavo, *Hablar de Dios desde el sufrimiento del inocente: Una reflexión sobre el libro de Job* (Lima: Instituto Bartolomé de las Casas – Rimac, Centro de Estudios y Publicaciones, 1986).

Habel, Norman C., *The Book of Job: A Commentary* (Philadelphia: Westminster, c. 1985) [The Old Testament Library].

Keel, Othmar, *The Song of Songs: A Continental Commentary* (Minneapolis: Fortress Press, 1994).

Krüger, Thomas, *Qohelet; A Commentary* (Minneapolis: Fortress Press, 2004) [Hermeneia].

León, Fray Luis de, *El Cantar de los Cantares de Salomón: Interpretaciones literal y espiritual*, edición de José María Becerra Hiraldo (Madrid: Cátedra, 2003) [Letras Hispánicas].

Murphy, Roland E., O. Carm., *The Song of Songs: A Commentary on the Book of Canticles or the Song of Songs* (Minneapolis: Fortress Press, 1990) [Hermeneia].

Seow, Choon-Leong, *Ecclesiastes: A New Translation with Introduction and Commentary* (New York: Doubleday, c. 1997) [The Anchor Bible 18C].

Biblias traducidas:

Alonso Schökel, Luis, et al., tr. y ed., *La Biblia de Nuestro Pueblo: Biblia del Peregrino, América Latina* (Bilbao: Ediciones Mensajero, S.A.U., 2006).

Alonso Schökel, Luis, y Juan Mateos, tr. y ed., *Nueva Biblia Española* (Madrid: Ediciones Cristiandad, 1975).

De Young, C.P., W.C. Gafney, L.A. Guardiola-Sáenz y F. M. Yamada, eds., *The Peoples' Bible: New Revised Standard Version with the Apocrypha* (Minneapolis: Fortress Press, 2009).

Bibliografía selecta

Reina, Casiodoro de, y Cipriano de Valera, tr. y ed., *Santa Biblia: Versión Reina-Valera 1995* (New York: Sociedad Bíblica Americana, 1995).

Obras de consulta cuyo título se abrevia en el texto:

Alonso Schökel, Luis, *Diccionario Bíblico Hebreo- Español* (Madrid: Editorial Trotta, S.A., 1994). DBHE.

Freedman, David Noel, ed., *The Anchor Yale Bible Dictionary* (New Haven: Yale University as assignee from Doubleday, a division of Random House, c. 1992) [Electronic text hypertexted and prepared by OakTree Software, Version 3.0]. AYBD

Koehler, Ludwig, and Walter Baumgartner, *The Hebrew and Aramaic Lexicon of the Old Testament*, tr. and ed. under the supervision of M.E.J. Richardson (Leiden: Koninklijke Brill NV, c. 1994, 1995, 1996, 1999, 2000) [Electronic text hypertexted and prepared by OakTree Software, Version 3.0]. HALOT

Hallo, William W. y K. Lawson Younger, eds., *The Context of Scripture: Volume One: Canonical Compositions from the Biblical World* (Leiden: Brill, 1997). TCOS.

www.ingramcontent.com/pod-product-compliance
Lightning Source LLC
Chambersburg PA
CBHW071930290426
44110CB00013B/1544